Wolfram Dix

Die Reise des sächsischen Trommlers

Rückblicke & Einblicke zwischen Machern, Peitz und Nanjing

Herstellung und Verlag:
Books on Demand GmbH, Norderstedt
ISBN 978-3-8391-3601-0

Der sächsische Trommler Wolfram Dix erzählt in diesem Buch Episoden aus seinem Musikerleben. In kurzweiligem Tonfall plaudert er über Erlebnisse mit und ohne Musik. Die Kapitel sind nach Orten und nach markanten Personen benannt, denen er auf seiner Reise begegnete und die Einfluss auf seine Entwicklung nahmen. Die Spanne reicht dabei von seinem Großvater über berühmte Musiker bis hin zum geheilten Menschen.

www.wolframdix.com

Prolog

Jahrelang haderte ich mit der Idee, autobiographische Skizzen zu verfassen. „Dein Leben geschieht jetzt, hier, in der Gegenwart", sagte der innere Philosoph. Seiner Stimme war ein gewisser Hochmut anzuhören. Ich hörte dann trotzdem meist auf ihn und legte dies Projekt, welches noch gar nicht richtig ausformuliert war, schon immer mal wieder aufs Eis.

Doch eine andere Stimme erzählte mir, erzählte auch Bekannten und Freunden im gemütlichen Kreis, auf langen Autofahrten und Spaziergängen dann doch immer wieder diese alten, mir schon sehr verbraucht vorkommenden Geschichten. Und die Leute hörten mir zu, waren manchmal beeindruckt, manchmal abgestoßen, oft amüsiert. Sollten diese alten Geschichten also doch noch zu etwas nützlich sein?

Auf alle Fälle gelang es meinem Freund Ego, sich damit oft ganz genüsslich auf eine Größe aufzublähen, die ihm in keinster Weise zusteht. Dies mittlerweile durchschaute Spielchen entlockt mir heut bestenfalls ein anerkennendes Schmunzeln – soll's Ego sich doch blähen, auch das gehört zu den liebenswerten Seiten des Lebens.

Nun also, ein wenig mehr reflektiert, ging ich das Projekt wieder an, setzte mich auf den Hosenboden und schrieb Stück für Stück wichtiger Episoden der Reise des sächsischen Trommlers auf. Derselbige war ich (bin ich?) nun schon 40 Jahre, durchschritt Höhen und Tiefen, war oft himmelhoch jauchzend, manchmal zu Tode betrübt und dabei fast immer neugierig aufs Leben.

Hier also für den geneigten Leser eine Sammlung von Erlebnissen, die mich mit markanten Menschen – meist Musikern - zusammenführten, oft nur für eine kurze Zeit. Sie prägten mich, mancher mehr, mancher weniger. Manchen von ihnen wäre ich vielleicht gern im richtigen Moment an die Gurgel gesprungen, einige verehrte ich eine Zeit lang im Übermaß. Doch sie alle sind mir noch heute wichtig.

Vielleicht sind diese Begebenheiten ja auch nie geschehen?

Aber: beim Aufschreiben hatten sie für mich eine gewisse Wahrscheinlichkeit, und dieses Gefühl wünsche ich nun auch dem hoch verehrten Publikum!

Erntedank 2006

Wolf

Begonnen hat die Reise in Machern, einem Dorf östlich von Leipzig. Hier verbrachte ich – direkt am alten Jakobsweg - eine recht privilegierte Kindheit. Im Ort und der näheren Umgebung gab es viel zu entdecken, die Schule machte mir Freude, und mein bevorzugtes Hobby war das Lesen.

Sommers baute ich mein Zelt in unserem großen Garten auf, und es gelang mir mit List, die Wandergitarre meiner Mutter dorthinein zu entführen. Auf dem Dachboden fand ich ein paar alte Trommelstöcke, und mit diesen machte ich aus der bedauernswerten Holzklampfe so etwas wie eine Schlagzither, von welcher ich erst abließ, als sie durch diese Behandlung nicht mehr als Gitarre zu gebrauchen war. Das war meine erste Erfahrung der Möglichkeit, mit Hilfe von Rhythmus Aggressionen kompensieren zu können – ich fühlte mich leicht und entspannt!

Eines Tages, ich war ungefähr 11 Jahre jung, fragten mich meine Eltern, ob ich denn Lust hätte, an der Musikschule in der Kreisstadt ein Instrument zu erlernen. Meine Antwort kam ziemlich spontan: „Ja, Trompete wäre gut!" Auf die erstaunte Frage, wie ich denn so schnell meine Wahl hätte treffen können, entgegnete ich, dass die Trompete ein Instrument sei, welches auf Grund seiner geringen Ausmaße gut zu transportieren wäre. Da mein Lebensplan zu jener Zeit viele Reisen um die ganze Welt vorsah, sei es für mich gut, ein Instrument zu beherrschen, welches man unaufwendig im Gepäck mit führen könne. Dann wäre Dix immer in der Lage, spontan mit anderen Menschen zu musizieren.

Also, gesagt – getan, der Unterricht begann alsbald, und anfangs machte Dix recht gute Fortschritte. Doch dann wurde die Sache immer mühsamer, und mein Interesse nahm ab. In der Musikschule wurden zu jener Zeit Kontrollstempel eingeführt. In diese unter den jeweiligen Übungsaufgaben im Hausaufgabenheft platzierten Kästchen musste ich nun Tag für Tag meine aufgewendete Übungszeit in Minuten eintragen, und das wurde dann von einem „Elternteil" (bürokratische Bezeichnung von Mutter oder Vater) durch Unterschrift bestätigt. Meist konnte ich mit einigermaßen gutem Gewissen 15-20 min eintragen. Die Sache kam also ins Stocken, denn es gab ja für mich neben Schule und Musikschule noch viele andere Beschäftigungen wie Judo, Mathematikzirkel, extensives Bücherverschlingen usw.

Doch irgendwie hatte mich die Musik schon ziemlich gepackt. Mein Anfang der 60er Jahre verstorbener Großvater, Wolf Dix, hatte der Familie ein altes Spulentonbandgerät hinterlassen, auf welchem ich begann, hin und wieder meine Lieblingsmusik aus dem Programm verschiedener Rundfunksender aufzunehmen. Und im Wohnzimmer meiner Großmutter, wo dieses Tonbandgerät stand, fand sich auch eine stattliche Keksdose aus Blech. Der Rhythmus einiger Songs hatte es mir angetan, und mit verschiedenen Schlagwerkzeugen bearbeitete ich die Dose, bis ihre ursprünglich zylindrische Form nicht mehr erkennbar war. Nach der Wanderklampfe im Zelt war dies nun der nächste Gegenstand, welcher durch meine schlagenden Entäußerungen seine Form verändern musste.

An einem Tag in den Sommerferien, zwei Jahre nach dem Beginn meines Trompetenunterrichts, fanden sich im Holzhaus des gegenüberliegenden Grundstücks zwei meiner Schulfreunde mit mir zur Gründung einer Beatband zusammen. Wir hatten einen Trompeter, das war der Axel, der mich an der Musikschule schon immer in diesem Fach übertroffen hatte. Dann der Matthias, der konnte gar kein Instrument spielen, brachte aber den Willen zum Gesang mit ein.

Und diesen beiden Freunden präsentierte ich nun die Überraschung der Saison: mein erstes, uraltes Schlagzeug. Schon lange war mir dessen Platz auf dem Dachboden bekannt gewesen, und die gleichzeitige Abwesenheit von Eltern, Großmutter und Geschwistern nutzte ich flink, um dieses Fossil herunterzuholen, zu reinigen und aufzubauen.

Das wurde für mich zu einem historischen Tag. Alle drei hatten wir natürlich vom Musizieren fast keine

Ahnung, und nachdem wir auf einer Klassenfahrt im Leipziger Zoo noch einige Bandfotos geknipst hatten, verlief dieses Projekt schnell wieder im Sande. Doch mich hatte eine neue und starke Begeisterung gepackt!

Bald darauf fragte ich meinen Vater, ob er mir denn die Grundlagen des Schlagzeugspielens beibringen könnte. Zusammen mit meinen Großeltern war dieser nach Kriegsende als Trommler und Sänger über die Dörfer gereist, um mit Tanzmusik etwas zum Essen zu verdienen. Das laute Instrument stand inzwischen in meinem Zimmer, und dort erhielt ich auch die ersten väterlichen Unterweisungen. Doch bald bat ich darum, auch auf dem Schlagzeug Musikschulunterricht bekommen zu dürfen, und so begann mein Leben als Trommler auf recht geordnete Art und Weise. Mit der nötigen Begeisterung machte ich schnelle Fortschritte, und schon bald durfte ich den Schlagzeugunterricht an der Leipziger Bezirksmusikschule fortsetzen.

Noch heute bin ich meiner Macherner Familie überaus dankbar für die Geduld und die Langmut, mit welchen sie meine fast täglichen Lärmeskapaden ertrugen – ohne dieses Einvernehmen wäre mein Leben sicherlich anders verlaufen!

Mein Opa am Schlagzeug – 1926

Die Trommelstöcke, das alte Tonbandgerät, das Schlagzeug – all dies übernahm ich von meinem künstlerisch überaus begabten Großvater Wolf Dix, nach welchem dieses erste Kapitel benannt ist. Vielleicht war er sogar indirekt mein erster Mentor?

Erste Übungen im Kinderzimmer 1970

Emmes

Meinem Lehrer und späteren Freund Günter Kiesant begegnete ich zuerst im Unterhaltungsprogramm von Radio und Fernsehen, dann in ehrfürchtigen Erzählungen von Kollegen. Doch es kam der Tag, wo Dix ihn leibhaftig auf der Bühne erleben sollte.

Im Leipziger Raum gibt es eine bis heut fortgeführte Tradition von Schulkonzerten, die das Angebot des Musikunterrichts ergänzen. An einem Tag des Jahres 1971 fand in dieser Reihe ein Auftritt des Leipziger „Rundfunktanzorchesters" in den Wurzener „Friedenslichtspielen" statt. Unser Schülerbus aus Machern kam etwas zu zeitig dort an, und während ich mit meinen Mitschülern vor dem Gebäude herumstand, fuhr plötzlich ein PKW „Wartburg" mit Leipziger Kennzeichen in die Einfahrt des Kinos, und auf dem Rücksitz des Wagens konnte Dix gerade so den Kopf des verehrten Schlagzeugidols erkennen. Da muss in mir so etwas Ähnliches vorgegangen sein wie in heutigen Backfischen bei der Ankunft von „Tokio Hotel" – mein Puls raste in banger Vorfreude, und fast beseligt nahm ich einige Minuten später meinen Platz auf dem Rang ein, von welchem aus ich das kommende Geschehen auf der Bühne ganz genau verfolgen konnte.

Die Bigband spielte ein flottes Programm, und mein absoluter Höhepunkt war „Brasil" mit einem ausgedehnten Schlagzeugsolo des Meisters. Die Ohren waren gespitzt, und meine Blicke hingen gebannt an jeder Bewegung des schwitzenden Trommlers mit dem Knebelbart. So etwas wollte ich auch können! Eines Tages wollte ich so wie er in einer Bigband sitzen - natürlich erst nach meiner Karriere als Rockstar.

Ein Jahr später – ich hatte inzwischen unter kundiger Anleitung von Karl Tietz die Mittelstufenausbildung an der Wurzener Musikschule gemeistert – fuhr ich nach Leipzig, um bei eben diesem Kiesant erstmalig unterrichtet zu werden. Von Anfang an beeindruckten mich seine Herzlichkeit und Sachkenntnis. In seiner Gegenwart lag ständig ein leichter Hauch von Tabak – Aftershave in der Luft, und die Unterrichtsstunden erschienen mir meist viel zu kurz. Oft fand der Unterricht in seiner Wohnung statt, wo wir viel an Rudiments (grundlegende Technikübungen für Trommler) arbeiteten.

Nach der Lektion verließ Kiesant dann regelmäßig das Wohnzimmer, hatte aber immer eine Schallplatte aus seiner reichhaltigen Sammlung aufgelegt. Ich saß dann am Tisch, schrieb mir meine neuen Etüden ab (damals gab es hierzulande noch keine Kopiergeräte) und lauschte dabei den Klängen von „Blood, Sweat & Tears", „Chicago" und vieler amerikanischer Jazzgrößen. Mit Hilfe dieser unauffälligen, aber höchst effektiven Lehrmethode bekam ich möglicherweise mehr mit als bei stundenlangen Vorlesungen.

Im Leipziger „Haus der heiteren Muße", einem ehemaligen Zirkusbau, der zum Fernsehstudio umgebaut worden war, durfte ich dann mal eine Probe des Rundfunktanzorchesters erleben. Am gleichen Abend sollte die Fernsehsendung live ausgestrahlt werden, und es wurde entsprechend konzentriert gearbeitet.

Am meisten beeindruckte mich der Auftritt einer Jazzsängerin aus den USA, welche vom Orchester swingend begleitet wurde. Günter Kiesant hatte auch hierbei das leise Lächeln im Gesicht, welches eines seiner Markenzeichen war.

Einige Jahre später – ich hatte schon den „Berufsausweis für Tanz- und Unterhaltungsmusiker" in der Tasche, gab es für uns die Gelegenheit, in einer Workshopbesetzung unter Leitung von Werner Pfüller zusammenzuarbeiten. Dabei bot mir der Emmes das kollegiale „Du" an, worüber ich sehr froh war. Später erfuhr ich auch die Herkunft seines Spitznamens: in der Berliner Jazzszene der 50er Jahre trat Kiesant als „Eminenz Roberts" auf. Dieses Pseudonym sollte ihn unter anderem vor Nachforschungen gewisser Kommunalpolitiker schützen, denn es war damals für ihn als Potsdamer recht riskant, im Westteil der geteilten Stadt zu arbeiten. Das Kürzel „Emmes" als Rest der „Eminenz" erhielt sich über die Jahre.

Wenn Emmes einmal ins Erzählen kommt, gibt es so schnell kein Ende der Anekdoten. Durch seine meist ausgiebigen Schilderungen erfuhren wir viele

interessante persönliche Erlebnisse, die immer in direkter Beziehung zur Zeitgeschichte standen.

Das Zusammentreffen mit diesem großartigen Menschen und väterlichen Freund war für mich ein echter Hauptgewinn, und noch heut halten wir einen guten und regelmäßigen Kontakt.

Baby

Günter Sommer, genannt Baby, war mein großes Trommlervorbild Mitte der 70er Jahre. Mich beeindruckte sein originelles Spiel ebenso wie sein dichter Vollbart, seine unkonventionelle Kleidung und der teilweise unorthodoxe Aufbau seines Instrumentariums.

In einer Zeit, in welcher meine Schulkameraden ihre Hefte und Buchumschläge mit den Namen internationaler Popgruppen verschönten, konnte man auf meinen Unterrichtsmaterialien das Kürzel „SOK" bestaunen. Es stand für eine Berliner Jazzformation und bedeutete möglicherweise „Soul ohne Klaus", da die Musiker um Uli Gumpert sich kurz zuvor von der „Klaus Lenz – Band" abgespalten hatten. In dieser Gruppe trommelte also der Baby, und Dix versuchte, es ihm in Vielem nachzutun.

Leibhaftig im Konzert erlebte ich Baby Sommer zum ersten Mal in der „Leipzig Information" am Sachsenplatz. Hier trat er im Trio mit Klaus Koch und Friedhelm Schönfeld auf. Was er an diesem Abend auf dem Set spielte, war für mich zu jener Zeit noch ferne Zukunftsmusik und aus diesem Grunde natürlich ein neuer, drängender Übungsanreiz. Damals saß ich manchmal bis zu acht Stunden täglich am Set, und noch heut bin ich den Machernern dankbar, die dieses Getöse fast klaglos über sich ergehen ließen!

Später lernte ich ihn persönlich kennen, und es entwickelte sich für kurze Zeit ein Briefwechsel zu vorwiegend jazzmusikalischen Themen. So hatten wir z.B. einen angeregten Gedankenaustausch zum Stil des jungen Tony Williams, der schon im Alter von 18 Jahren bei Miles Davis umwerfend trommelte. Auch überließ mir Baby ein großes Paket gebrauchter Trommelstöcke zur eigenen Benutzung, und das war damals in der Zeit der allgemeinen Knappheit ein großes Geschenk!

Jeder Künstler ist in einer Phase seiner Entwicklung Adept, doch bald wurde mir klar, dass es keinen Zweck hat, zu lange in der Nachahmung eines Musters zu verharren. Auch das Vorbild hatte ja seine Vor-Bild(n)er, und erst als möglichst eigenständiger Musiker hat man die Chance, eines Tages vielleicht selbst zum Vorbild einer neuen Generation zu werden. Bei meinen damaligen Forschungen stieß ich bald auf Babys „eigene" Helden, das waren zu dieser Zeit der Holländer Han Bennink und der Amerikaner Stu Martin. Einmal auf die Fährte gesetzt, konnte nun auch Dix sich von diesen beiden einiges abhören. Baby Sommer hatte mich indirekt auf diesen Dreh gebracht – auch dafür vielen Dank!

Der Kontakt zwischen uns schlief dann mehr oder weniger ein. Jeder ging seinen Weg weiter, und Berührungspunkte verschoben sich im Lauf der Zeit.

Bemerkenswert an der Arbeit vom Baby ist nach wie vor sein immenses komödiantisches Talent, mit dessen Hilfe er lange trommlerische Soloeskapaden auch für den musikalischen Laien zu einer spannenden Angelegenheit machen kann. Manchmal allerdings besteht die Gefahr, dass sich solche theatralischen Mittel verselbstständigen – doch wer selbst im Glashaus sitzt, sollte nicht mit Steinen werfen!

Billy

Zwischen meinem 13. und 14. Lebensjahr hatte ich die Angewohnheit, manchmal nachts aufzustehen und mir in der Küche etwas zu essen zu machen. Mein Körper wuchs stetig, und offenbar brauchte ich diese zusätzliche Nahrung dringend.

Nachdem ich wieder einmal gegen 24 Uhr einige Eier in die Bratpfanne geschlagen hatte, suchte ich mir im Radio „RIAS Berlin". Hier lief zu später Zeit eine Jazzsendung, und natürlich war ich stets neugierig auf alles, was da draußen so vor sich hin trommelte. Die Eier brutzelten schon, ich holte mir noch eine Flasche Milch aus dem Kühlschrank, und von dort zurückgekehrt, verschlug es mir fast die Sprache. Was ich da hörte, war eigentlich nichts Besonderes, es unterschied sich jedoch vom bisher Bekannten durch die Art und Weise des Spiels. Ein virtuoser Bass wurde bei seinem ausgedehnten Solo von einem ostinaten, aber trotzdem filigran abwechslungsreichem Schlagzeug unterstützt, im Hintergrund zirpten Synthi-Sounds, und eine Rhythmusgitarre verstärkte den Groove. Das ging so eine Weile, und plötzlich setzte ein machtvolles Thema ein, gespielt auf elektrischer Gitarre und Violine. Das war es – das war meine Musik! Fast wären die Eier in der Pfanne angebrannt. Um Mitternacht durfte ich das Radio ja nicht so laut aufdrehen, wie ich es in meiner Begeisterung liebend gern getan hätte. Zum Mitschneiden war es schon zu spät, und so hörte ich einfach weiter mit offenem Mund den tollkühnen Improvisationsausflügen dieser Band zu. Nun kam der Radiosprecher zu Wort und sagte noch einen Folgetitel des „Mahavishnu-Orchestras" an. Jetzt wusste Dix also erst mal, wie diese Band hieß. Und nun setzte die für den halbstarken Macherner im Schlafanzug noch eins drauf. Einzelne Gongschläge leiteten die Komposition ein, und dann vernahm ich die schnellsten Basstrommelschläge, die mir bis dahin begegnet waren. Dieser Trommler benutzte ja zwei Bassdrums – ein unwahrscheinliches Aha-Erlebnis für einen sächsischen Jungen vom Lande! So etwas wollte ich auch machen – am besten sofort.

An amerikanische Schallplatten kam man damals in unserer Gegend schlecht heran, und es war üblich, sich die wertvollsten Raritäten für teures Geld aus Westdeutschland einschmuggeln zu lassen. Dann wurde die Beute untereinander per Tonbandkopie geteilt. Nach Aufnahmen des „Mahavishnu-Orchestras" musste ich im Bekanntenkreis schon eine Weile suchen, doch eines Tages ergatterte ich tatsächlich zwei Vinylscheiben meiner neu gefundenen Idole. Die Musik wurde umgehend auf das tschechische Spulentonbandgerät namens TESLA überspielt, um die Originalplatten zu schonen, deren Cover einen Ehrenplatz im Wandregal meines Zimmers erhielten.

Die Stücke hörte ich mir dann in der Folge über fünfzig Mal an, und so prägte sich mehr oder weniger bewusst ein großer Teil ein. Mit Aufnahmen, die mich begeistern, mache ich das auch heut noch so - eine vortreffliche Lernmethode!

Als mich mein Schlagzeuglehrer Emmes einige Monate später bat, an seinem neuen Schulwerk mitzuschreiben, erstellte ich u.a. die Transkription eines Cobham–Solos, welche dann auch gedruckt wurde.

Fips

1975 begann ich mein Studium in der „Abteilung Tanz- und Unterhaltungsmusik" der Leipziger Musikhochschule mit sehr viel Elan. Mein Hauptfachlehrer war Fips Fleischer, der damals außer seinem Job als Leiter der „TUM – Abteilung" auch noch mit seiner Bigband fleißig unterwegs war. Auch Dix war mit „Con Fuoco" ständig auf Tour, und so sah man sich im Hauptfachunterricht recht selten.

Con Fuoco Leipzig 1974

Im Verhältnis zum bereits erwähnten Unterricht bei Günter Kiesant wurden von meinem neuen Lehrer noch weitaus mehr Geschichten aus der Jugendzeit erzählt, und das Trommeln wurde eher zum Beiwerk gegenseitiger Selbstbeweihräucherungen von Dozent und Student. Auch war der Fips mit meinen bereits nachweisbaren Fähigkeiten recht zufrieden. Schon eine ganze Weile hatte er die Trommelstöcke zu Gunsten seiner Tätigkeit als Orchesterleiter ein Stück beiseite gelegt, und wenn es mich immer sehr beeindruckt hatte, beim Emmes die kniffligen Sachen sofort vorgeführt zu bekommen, so war dies in dieser neuen Unterrichtskonstellation leider nicht möglich.

Der legendenumwobene und vom Publikum geliebte sächsische Swingschlagzeuger hatte es mit seinem Studenten Dix nicht leicht.

Nach den Unterrichtsstunden blieb oft ein fader Beigeschmack übrig, und ein richtiges Vertrauensverhältnis konnte sich leider nicht entwickeln. Dazu trug auch wesentlich bei, dass sich Fips und der Emmes gar nicht mochten. Emmes hatte ja seinerzeit Fipsens Platz im Rundfunktanzorchester übernommen und ließ in persönlichen Gesprächen gern durchblicken, dass er den Ruhm seines Vorgängers ziemlich kritisch sah.

Fips sprach über Emmes immer bewusst korrekt, und der halbstarke Dix war nach kurzer Zeit davon überzeugt, zwar an einer Hochschule zu studieren, jedoch den besseren Unterricht bereits erhalten zu haben. Dieses Gefühl zog sich als grundlegender Widerspruch durch meine Zeit in der „TUM – Abteilung".

Durchaus vorteilhaft erwies sich in Folge der zusätzliche Unterricht im Fach Orchesterschlagzeug, den ich bei Karl Mehlig, dem Solopauker des Leipziger Gewandhausorchesters erhielt.

Trotzdem ist es aus heutiger Sicht sicherlich schmeichelhaft, bei einer regionalen Swinglegende studiert zu haben, und manchmal hat sich der Fips auch echt Mühe gegeben, den ziemlich verstockten Dix zu überzeugen. Nach Fleischers Pensionierung 1989 übernahm ich seinen Dozenten-Job an der Leipziger Musikhochschule und leitete 12 Jahre die Hauptfachklasse „Schlagzeug und Jazz-Percussion".

Kättschr

„Ach, du ahnst es nicht!"

Schon seit Ende meiner Macherner Schulzeit zog ich mit der lokal bekannten Gruppe „Con Fuoco" durchs Land, und das blieb auch während meiner ersten Studienmonate an der Leipziger Musikhochschule so. Begeistert spielten wir Stücke von „Blood, Sweat & Tears", „Chicago", Edgar Winter und Carlos Santana und brachten damit vorwiegend Dorf- und Kleinstadtsäle zum Kochen. Da die damalige Kulturpolitik und die damit verbundene Finanzsituation es nicht zuließen, dass die Originalkünstler bei uns im Lande gastierten, wurden unsere etwas naiven Kopien vom Publikum enthusiastisch aufgenommen, und oft hatten auch wir das Gefühl, auf der Bühne jemand ganz anderes zu sein.

In den Sommerferien 1975 besuchte mich Helmut Joe Sachse daheim in Machern. Das war eine große Überraschung für mich, denn Joe war schon damals ein echter Star-Gitarrist des mitteldeutschen Raumes. Auf der sonnigen Veranda meines Elternhauses fragte er mich, ob ich denn Lust hätte, in der „Manfred Schulze – Formation" zu trommeln. Das war für Dix ein sehr verführerisches Angebot. Ich hatte diese Band kurz vorher im Leipziger „Felsenkeller" gehört und war noch sehr beeindruckt von der aggressiven Wucht, welche sich während vieler Stücke wie eine dicke schwere

Walze von der Bühne ins Publikum schob. So sagte ich nach kurzer Überlegung zu, vorerst mit der Option, auch weiterhin noch bei „Con Fuoco" mitzuspielen.

Letzteres gelang mir dann aber nur kurze Zeit, denn die Band mutierte zur Begleitband des von der „Konzert – und Gastspieldirektion Leipzig" frisch konzipierten Schlagersängers Hans – Jürgen Beyer. Auf solch eine regelmäßige Kommerzmugge hatte Dix schon damals überhaupt keinen Bock.

Also gab ich nach großem Zoff und rechtsanwaltlicher Aufforderung das von mir hoch geschätzte rote Sonor (Champion) - Schlagzeug bei „Con Fuoco" ab, stattete mich erst mal recht und schlecht mit gebrauchtem Trommelmüll aus und wurde festes Mitglied der Berliner „Manfred Schulze – Formation".

Manfred trug den Spitznamen „Kättschr". Warum das so war, sollte ich bald erleben. Dieser ursprünglich hoch sensible Musiker wurde besonders im Kollegenkreis ob seiner Unberechenbarkeit und cholerischen Anfälle gefürchtet. Viele sahen in seinem Wesen aber auch einen revolutionären Gestus und verehrten ihn gerade deshalb. Die personelle Alchimie seiner Bands nahm auf diese Gegebenheiten Rücksicht, denn wenn es galt, den Meister nach einem seiner respektheischenden Ausbrüche wieder zu beruhigen, waren meist genau dafür die kompetenten Kollegen zur Stelle.

Ohne solch funktionierende Gruppendynamik wäre diese Band schon nach kurzer Zeit auseinander gebrochen. Manfred führte sich jedoch nicht aus Kalkül so auf, sondern dieses Verhalten war die eine Seite einer ansonsten ziemlich komplexen Künstlerpersönlichkeit. Auf allgemein menschlichem Gebiet war ihm zu keiner Zeit etwas vorzuwerfen, und man konnte sich stets auf die von ihm gemachten Zusagen verlassen.

Dix hatte es sich während der vorausgegangenen zwei Jahre in der Rolle eines provinziellen „shooting stars" gemütlich eingerichtet und dabei sehr wohl gefühlt. Ein Beispiel: Während eines Auftritts im „Eiskeller", dem späteren „Conne Island", holten mich die euphorisierten Fans nach meinem ODS (obligates Drums-Solo) von der Bühne und trugen mich im Triumph auf Händen durch den Saal. Solche Erlebnisse verzerrten natürlich die pubertäre Wahrnehmung eines zu diesem Zeitpunkt gerade mal 16jährigen, welcher dann der Meinung war, es habe jetzt immer so weiterzugehen.

Die erste gemeinsame Probe mit „Kättschr" zeigte mir dann eine andere Seite der Realität. Wir probten in der alten Buchheimer Dorfschule. In der Mitte des ehemaligen Unterrichtsraumes befand sich eine gusseiserne Säule. Immer wenn einer von „Kättschrs" Wutausbrüchen den Höhepunkt erreicht hatte, sprang er zu dieser Säule. Während das große Baritonsaxophon hilflos an dem kleinen stämmigen Mann mit den langen Armen herumbaumelte, trat dieser mit voller Wucht auf die Säule ein und stieß dabei ärgste Verwünschungen aus. Die Kollegen kommentierten dies mit betretenem Schweigen. Die Band bewegte sich nicht zuletzt auf Grund dieser gefürchteten Ausbrüche immer auf einem sehr hohen energetischen Level, und das wirkte sich auf die Musik durchaus förderlich aus.

Nachdem wir einige Stücke durchgespielt hatten, tat mir der „Kättschr" kund, dass fast alles an meinem Spiel falsch sei.

Das verschlug mir erst mal die Sprache! Damals war ich noch lange nicht in der Lage, sowohl überschwänglichen Lobeshymnen als auch vernichtenden Kritiken wie der gerade gehörten ihren Stellenwert als total subjektive Meinungen zuzuweisen. Dix wollte gern gelobt werden, er sonnte sich gern in fremder Begeisterung und tankte daraus Kraft. Doch hier wehte ein anderer Wind!

Einige Monate später, wir hatten schon zahlreiche gemeinsame Auftritte hinter uns, begann ich „Kättschrs" Genörgel als förderlich zu begreifen, denn dadurch zum Üben angespornt, hatte Dix in seiner trommlerischen Entwicklung beeindruckende Fortschritte gemacht. Die „Manfred Schulze – Formation" war trotz innerer Widersprüche für mich zu einer Schule geworden, die in meinem Verständnis der damaligen Leipziger Musikhochschule in Vielem den Rang abgelaufen hatte und die ich deshalb eine Zeit lang nicht mehr missen wollte.

Über Manfred könnte ich noch einige wilde Geschichten aufschreiben, möchte dies aber lieber unterlassen, denn zahlreiche Eindrücke aus jener Zeit sind schon recht unscharf, und manches davon wurde mir nur über dritte zugetragen. Trotz Ambivalenz bleibt das Bild eines ungewöhnlichen Musikers und Menschen, in dessen Gegenwart ich viele musikalische und außermusikalische Lektionen erlebte.

Papstdorf

Die Gelegenheit zu meinem ersten Schlagzeug-Solokonzert ergab sich inmitten einer leicht wahnwitzigen Umgebung. Mein zweites Studienjahr an der Leipziger Musikhochschule begann – wie damals üblich – mit einem mehrwöchigen Aufenthalt in einem Ausbildungslager der Zivilverteidigung, kurz „ZV-Lager". Hier sollte den Studentinnen Leipziger Hochschulen ein möglichst effizientes Verhalten in diversen Katastrophenfällen beigebracht werden. Für die Studenten gab es eigentlich militärische Ausbildungslager, und nur ausgemusterte und bisher noch nicht vereidigte waren zur Teilnahme an der Zivilschutzausbildung verpflichtet. Durch diese Regelung kam es dazu, dass 400 Damen und 50 Herren inmitten einer idyllischen spätsommerlichen Landschaft in den Baracken eines Betriebsferienlagers eine temporäre Zweckgemeinschaft bildeten.

Die jungen Damen wurden von einigen Berufssoldaten mit gehabtem Karriereknick zu „Zugführerinnen" ausgebildet und erhielten u.a. eine allgemeine Sanitätsausbildung. Mit den anwesenden Herren wusste man nichts Besseres anzufangen, als sie als Wachmannschaft einzusetzen. So bewachten wir also unsere Kommilitoninnen, damit sie uns und den Ausbildern nicht abhanden kamen.

Das Ferienlager war nur zur Hälfte umzäunt, so dass unsere Tätigkeit einen recht hohen Symbolwert hatte. Am wichtigsten war der Wachdienst in der Holzbaracke am Lagertor, der im preußisch vergatterten Dreischichtdienst durchgeführt wurde. Besonders die Nachtwachen wurden von Dix dazu genutzt, seine trommeltechnischen Fähigkeiten mit Hilfe von zwei Stöcken und eines mehrfach gefalteten Frotteehandtuchs weiter zu vervollkommnen. In den halligen Räumlichkeiten der Lagerdusche entdeckte ich die Freude am Singen von Zwölftonmelodien, und einige Male begleitete ich den Kirchenmusikstudenten Stefan Altner in die Papstdorfer Dorfkirche, wo ich mich still ins Schiff setzte und mich an seinen diversen Exerzitien erfreute.

Wir trugen alle eine einheitliche dunkelblaue Tracht und kamen optisch ziemlich skurril daher. Fotografieren war aus Gründen der Geheimhaltung natürlich streng verboten, so dass es leider nur innere Bilderinnerungen an diese kuriosen Wochen gibt. In der Mitte des Lagergeländes gab es einen unscheinbaren Kiosk, der Süßigkeiten, Bockwürste und Getränke im Angebot führte. Hier deckten wir uns kräftig ein, und nach einer Eingewöhnungszeit von einigen Tagen floss der Alkohol in Strömen. Die täglichen Trinkexzesse wurden von Appellen, dem Wachdienst und einigen Schulungsveranstaltungen unterbrochen, und die geistigen Getränke wurden von den meisten von uns zur Kompensierung der als unerträglich empfundenen Langeweile benutzt.

Kultureller Höhepunkt dieses Aufenthalts in der Sächsischen Schweiz sollte ein großes Fest im Speisesaal sein, dessen Planung schon bald nach unserer Ankunft begann. Da ein großer Teil der Anwesenden von Leipziger Kunsthochschulen kam, gab es schnell eine Menge guter Ideen fürs Programm. Durch diverse Leipziger Auftritte war ich einigen Leuten als Trommler schon wohlbekannt, und so fragte man mich eines schönen Tages, ob ich der geplanten Veranstaltung ein Solostück auf dem Schlagzeug beisteuern könne. Gern sagte ich zu, doch die Sache wäre fast daran gescheitert, dass es im „Objekt" kein spielbares Instrument für mich gab.

Glücklicherweise waren jedoch einige der leitenden Genossen so an meinem Auftritt interessiert, dass auf Veranlassung des Kommandanten ein einigermaßen spielbares Schlagzeug aus einem Nachbarort herangefahren wurde. Dix war glücklich, da er nun wenigstens für einige Tage wieder am Set üben konnte, obwohl das bereitgestellte Instrument mit Sicherheit schon bessere Tage gesehen hatte.

Am Abend der Aufführung stieg mein Lampenfieber auf ein sehr hohes Level, und zuerst etwas zögerlich begann ich meinen Vortrag mit einer Einleitung, in

welcher ich die klanglichen Möglichkeiten des geliehenen Instruments vorstellte. Danach begann meine Arbeit mit rhythmischen Motiven, die in einem expressiven ersten Höhepunkt mündeten. Dieser wurde abrupt von einem Marschmotiv im Dreivierteltakt abgelöst, welches dann jedoch von frei improvisierten Einsprengseln bekämpft und schließlich abgelöst wurde. Mein Spiel bekam eine hohe Eigendynamik, und die Musik entstand plötzlich aus sich selbst heraus. Schließlich gewann das freie Chaos den von mir inszenierten Konflikt, und lang anhaltender Beifall zeigte mir, dass meine Kommilitonen die darin verborgene Botschaft gut verstanden hatten. Die nachfolgende Siegesfeier fand in den gegen unerwartete Besucher gut abgesicherten Räumlichkeiten des Hauptgebäudes statt und erforderte von mir noch einmal vollen Einsatz in mehrfacher Hinsicht.

So hatte Dix also sein erstes öffentliches Solo aufgeführt, und die Herangehensweise hat sich im Grunde bis heut nicht verändert. Der Umfang der Stücke wuchs, neue Instrumente kamen und gingen, doch im Prinzip wurde meine „Improvisierte Konzeptmusik" damals zwischen Maisfeldern und Kiefernwald nahe Papstdorf in der Sächsischen Schweiz geboren.

Charlie

1978 war aus dem „Joe Sachse – Quartett" durch Einbeziehung von Hannes Zerbe die Gruppe „Osiris" geworden. Musikalisch brachte das einige Änderungen mit sich, und durch Hannes' Organisationstalent und seine erprobten Verbindungen zur Künstleragentur änderte sich auch unsere Beschäftigungslage zum Guten. So tourten wir nun mit internationalen Künstlern wie Etta Cameron, Laco Deci, Rudolf Dasek, Leo und Elly Wright und Carmell Jones von Rostock bis Sonneberg, waren damit sehr erfolgreich und lernten auf diese Art ziemlich viel dazu.

Vorläufiger Höhepunkt dieser Phase war eine 18-Konzerte-Tournee mit „Osiris" und den illustren Gästen Toto Blanke und Charlie Mariano. Toto hatte sich nach einem Architekturstudium in Paderborn sesshaft gemacht. Er gehörte schon damals zu den Stil prägenden Gitarristen im europäischen Jazz, mit seiner Band „Electric Circus" hatte er einen überregionalen Bekanntheitsgrad erreicht. Und Charlie Mariano zu rühmen hieß schon damals Eulen nach Athen zu tragen. Dieser begnadete Saxophonist hatte nach seinem Karrierestart in den USA eine Zeit lang in Indien musiziert und die dortige Musik von Grund auf studiert. Nun lebte er vorwiegend im Rheinland und beeinflusste mit seiner Synthese von Jazz, Tala und Raga ganze Generationen junger Jazzmusiker.

Bei diesen Konzertreisen konnte Dix auch seine Englischkenntnisse erproben und verbessern, und ich nutzte jede sich bietende Gelegenheit dazu, nicht nur musikalisch neue Einflüsse in mich einzusaugen. Meine Begeisterung für Nordamerika entsprach dem damaligen Generationsdurchschnitt, und es war immer wieder ein großes Erlebnis für mich, östlich der Elbe mit „echten Amis" auf einer Bühne zu musizieren. Doch auch unsere Gäste genossen die Exotik dieser Konzertreisen samt spezieller Umgebung auf ihre Art.

Leider gab es nicht nur eitel Sonnenschein. Charlie hatte damals ziemliche Bandscheibenprobleme, und die tiefen und zahlreichen Schlaglöcher auf den „Straßen zum Kommunismus" bereiteten ihm oft echte Pein. Das führte dazu, dass er auf der Bühne generell im Sitzen spielte und auch manchmal während des Konzerts schmerzhaft das Gesicht verzog. Wir waren uns aber ganz sicher, dass diese Schmerzen nichts mit unseren musikalischen Beiträgen zu tun hatten.

Von meiner Trommelei war er erklärterweise recht angetan, und eines Abends im Hotel kündigte er mir an, mich als Aushilfstrommler fürs „United Rock & Jazz Ensemble" vorschlagen zu wollen, falls die A-Besetzung dieser Band, mein Jugendidol Jon Hiseman, mal verhindert sein sollte. Oh, das brachte mich sofort zum Träumen! Der Antrag auf Arbeitsvisum im „NSW" war damals frisch in Bearbeitung, und Dix ahnte noch nicht, dass es noch neun lange Jahre bis zur erstmaligen Ausstellung desselbigen dauern sollte.

Das Spielen von indischen Metren bereitete mir große Freude, und auch Totos Spiel erinnerte mich immer mal wieder an das von mir hoch verehrte „Mahavishnu-Orchestra". Diese 3 Wochen waren für Hannes Zerbe, Manfred Hering, Joe Sachse, Christoph Winckel und mich ein echter Höhepunkt in unserer künstlerischen Entwicklung, und auf einer halboffiziellen Veröffentlichung von „dachboden records" wurde der Klangeindruck unseres Konzerts im Schweriner Schloss für die interessierte Mit- und Nachwelt erhalten.

Meine Reiseträume blieben vorerst nur Schäume, und um wenigstens eine kleine persönliche Variante von Auslandserfahrung zu haben, nahm ich Mitte der 80er Jahre an einem internationalen Jazzcamp in Tatabanya/Ungarn teil. Neben dem vortrefflichen Boptrommler Egil Johansen aus Stockholm, von dem ich wichtige Hinweise zu meiner Besentechnik bekam, und dem umtriebigen ungarischen Bassvirtuosen Aladar Pege gehörte auch Charlie Mariano zu den dortigen Dozenten. Nachdem er sich sehr verwundert gezeigt hatte, mich hier als schnöden Studenten anzutreffen, konnte ich ihm die Situation unter Einbeziehung der politischen und meiner damit zusammenhängenden privaten Situation einigermaßen plausibel erklären. Wir hatten jahrelang keinen Kontakt mehr gehabt, und auch deshalb war es für mich eine große Freude, als Charlie mich bat, als Drummer an seinem Demonstrationskonzert teilzunehmen. Gern sagte ich zu und brachte auch noch meinen Freund Gerold Genßler als Bassisten mit ins Spiel.

Unser gemeinsames Konzert bereitete große Freude und fügt sich nahtlos in meine durchweg positiven Erinnerungen an diese ungarischen Sommertage ein.

Tony

Meinem britischen Trommlerkollegen Tony Oxley begegnete ich 1980. Kurioserweise hatte er zu dieser Zeit seinen Wohnsitz im Ostteil Berlins. Schon damals konnte man mit experimenteller Musik nicht viel Geld verdienen. Im Prenzlauer Berg waren die Mieten niedrig, Grundnahrungsmittel und Alkohol billig, und viele junge Frauen waren gierig auf Kontakte zur „großen weiten Welt".

Ulli Blobel hatte zu dieser Zeit die Vermittlung der regionalen Freejazz-Szene gut im Griff und nahm auch Tony in seinen Angebotskatalog auf. So konnte er im kleineren deutschen Land recht viele Konzerte geben und sogar eigene Projekte realisieren.

Schon beim ersten Konzert beeindruckte mich Tony sehr. In der Leipziger Kongresshalle hörte ich ihn im Trio mit Bass und Saxophon, und dieses Konzert sollte lange in mir nachschwingen.

Ich kam ursprünglich von der Rockmusik und konnte deshalb meine Sympathie zu losgehenden und manchmal auch recht vertrackten Rhythmen nie ganz verleugnen. Und hier hatte ein Kollege, der selbst jahrelang rhythmisch gebunden musizierte, eine beeindruckende Synthese aus freiem und rhythmisch gebundenem Schlagzeugspiel geschaffen und damit einen echten Personalstil entwickelt. So kam es mir damals zumindest vor. Tonys Spiel auf dem Album „Extrapolation" meines Jugendidols John McLaughlin hatte mich außerdem schon Jahre vorher sehr beeindruckt.

Da auch Dix mit einigen Besetzungen im Blobelstall vertreten war, kam es dann bald zu einer musikalischen Begegnung, dem „Tony Oxley Drum Workshop" Unsere konzertierenden Bands trugen damals oft den imponierenden und etwas in die Irre führenden Namen „Workshop", da wir die hauptsächliche Bedeutung dieses Wortes als Bezeichnung einer zeitlich befristeten Unterrichtsveranstaltung noch nicht kannten. Und jede funktionierende Band ist ja auch eine kleine Universität.

In dieser bunt zusammengewürfelten Truppe trommelten mindestens vier Einheimische und natürlich der Meister höchst persönlich, welcher auch oft zur elektrisch verstärkten Violine griff und für die Konzeption der dargebotenen Werke verantwortlich zeichnete. Weiterhin gab es bei größeren Anlässen noch Geige, Bassgeige, Posaune, Saxophon und Klavier, oft wechselnd besetzt. Fast alle der Beteiligten lasen damals mit großer Inbrunst die Werke von Charles Bukowski, die bei uns offiziell auf dem Index standen. Dies wirkte sich ziemlich drastisch auf unser Verhalten im Tourbus und im Hotel aus – somit auch außermusikalisch eine sehr spannende Besetzung. Doch auch musikalisch ging alles irgendwie in diese Richtung. Da blieb kein Auge trocken, und auch unsere Kehlen waren stets gut gefeuchtet.

Tony hatte jahrelang im Londoner „Ronnie Scotts" als Haustrommler gearbeitet und dort vorwiegend Berühmtheiten des amerikanischen Jazz begleitet. Nun hatte er die Nase vom Time-Spiel offenbar gestrichen voll, und unsere Workshop-Band umschiffte unter seiner Leitung erfolgreich und lautstark alle Möglichkeiten des einigermaßen rhythmisch geordneten Zusammenspiels. Dem Publikum war's recht – der Zwang zur Nonkonformität blühte in jenen Jahren und gebar so neue Konformität. Die Stücke waren so angelegt, dass sich der Meister stets entsprechend präsentieren konnte, und sein Spiel gefiel mir so gut, dass ich mir einiges davon abguckte. Das ging soweit, dass ich eine Zeitlang sogar nur mit Tonys abgelegten Stöcken trommelte. Die waren sehr robust und hielten weitaus länger als die landesüblichen Exemplare aus Markneukirchener Produktion.

Dieser ungezwungenen Zeit folgte für mich der 18-monatige Zwangsaufenthalt in der Erfurter Steigerkaserne. Eines Nachts konnte ich dort unterm Kopfkissen die Radioausstrahlung eines unserer Konzertmitschnitte hören, und das weckte in mir noch größere Sehnsucht nach Rückkehr ins Freigehege. Nach Beendigung der Armeezeit gab es dann 1983 noch einige Konzerte in dieser Besetzung, und wieder bereitete uns die Zusammenarbeit große Freude.

Seltsamerweise kamen wir uns in den Jahren menschlich nicht sonderlich nahe, obwohl mich Tonys Spielauffassung möglicherweise sehr geprägt hat. Meine früh verstorbene Schwester Ute, welche eine Weile in Tony verliebt gewesen ist, hinterließ mir ein Englischwörterbuch, welches er ihr geschenkt hatte. Das benutze ich noch heute.

Cäsar

Nach meiner Entlassung aus der NVA Ende April 1983 begann für mich ein wundervoller Frühling. Mein innerer Akku war übervoll, und nach der mir äußerst belastend und überflüssig erschienenen Armeezeit drängte nun alles in mir nach neuen interessanten Betätigungen. Mein Freund und Kollege Bernd Herchenbach hatte meine Rückkehr schon sehnsüchtig erwartet. Seine Band „Schwarzer Pfeffer" war gerade gescheitert, und mit dem überregional bekannten Gitarristen und Sänger Peter Gläser, besser bekannt unter seinem Künstlernamen Cäsar, bastelte er an einem gemeinsamen Projekt. In Bernds komfortablem Tonstudio in der Mainzer Straße liefen schon die Proben, und Dix stieß einfach dazu.

Ein angenehmer Nebeneffekt dieser Arbeit war für mich die Möglichkeit, dieses Studio auch für Demoaufnahmen mit meiner neuen Jazzband EXU nutzen zu können. Dieses Projekt hatte ich noch in der Kaserne gemeinsam mit Erwin Stache geplant, und Gerold Genßler sowie Stanley Blume hatten begeistert ihre Mitarbeit zugesichert. Ein wirklich junges und enthusiastisches Projekt, welches jedoch leider nicht sehr lang Bestand hatte.

Auch Erwin wurde nun in „Cäsars Rockband" eingegliedert und sorgte mit seinem originellen Spiel auf dem elektrischen Klavier für eine charakteristische

Klangfarbe. Cäsar hatte einige Zeit zuvor „Karussell" verlassen und eine erste eigene Besetzung formiert. Aus dieser Gruppe brachte er nun Knut Steyrer und Paul Dinter mit, und so waren wir sechs Musiker auf der Bühne.

Von Anfang an war unsere unterschiedliche musikalische Herkunft sowohl Vorteil als auch Herausforderung. Bernd und Erwin tendierten zum Jazz, Dix kam von dort, Cäsar war schon damals der Inbegriff des sächsischen Bluesrock, und Knut und Paul orientierten sich eher an der britischen Popband „Police". Das führte in der Folge zu ziemlichen Spannungen, denn Künstler sind meist ausgeprägte Egomanen.

Eine besonders kuriose Begebenheit, die schließlich auch zur Auflösung der Band führte, möchte ich kurz beschreiben:

Nach ersten Konzerten und Rundfunkproduktionen trafen wir uns eines Vormittags im bereits erwähnten Leipziger „Haus der heiteren Muße". Tagesziel war die Teilnahme an der damals sehr populären Jugendsendung „Rund", die zeitversetzt live über den Sender ging. Wir bezogen unsere Garderobe und bestaunten schon auf dem Weg dorthin einige „richtige Rockstars", die uns auf den Fluren in Metall, Lack, Leder und anderen mehr oder weniger phantasievollen Kostümierungen begegneten.

Seltsamerweise wurde uns erst jetzt klar, dass unser Auftritt in der Sendung im Vollplayback ablaufen sollte. Das bedeutete: die gesamten Musikbeiträge wurden vom Band eingespielt, und die Musiker bewegten dazu ihre Instrumente, ihre Lippen und andere Körperteile.

Irgendwie brach sich nun in einigen von uns ein unbändiger Zwang zur Originalität seine Bahn, und so fuhr Dix schnell noch mal nach Hause und brachte von dort eine bunt bemalte Wandergitarre und eine schon altersschwache Zither mit. Erwin hatte eine Ziehharmonika dabei, und ausgestattet mit diesen Requisiten gingen wir an die Verwirklichung unseres Planes. Vorher vollführten wir jedoch nach ausgiebigem Genuss diverser geistiger Getränke noch eine lautstarke Krawallsession in unserer Garderobe.

Bei den ersten Kameraproben agierte „Cäsars Rockband" noch recht brav und konventionell, doch dann zur Sendezeit ließen wir die Katze aus dem Sack. Bernd saß am Schlagzeug, vollführte dort kuriose Verrenkungen, die einen echten Poptrommler zum neidvollen Erblassen gebracht hätten. Erwin und Knut hatten sich mit inzwischen zwei Zerrwänstern (volkstümlicher Ausdruck für Ziehharmonikas) eine fidele Choreographie ausgedacht, die hauptsächlich im rhythmischen Aufstehen und Hinsetzen bestand. Dix saß in einer Bühnenecke und hieb mit kaputten Trommelstöcken auf die bedauernswerte Konzertzither ein, als gelte es, all die angestauten Aggressionen mit wenigen Schlägen zu kompensieren.

Und Cäsar, unser Star? Er hatte sich tatsächlich überreden lassen, seine Hagström-Gitarre mit dieser unsäglichen Wanderklampfe zu vertauschen und stand nun als Verkörperung verspäteten Hippietums im Zentrum dieser Verrücktheit. Tapfer sang er sein Lied, und nach hastig vorgenommenen Revisionen des Aufnahmeplans erlebten die Zuschauer an den Fernsehgeräten fast nur noch die Totalaufnahme unseres Chefs, das Mikrophon vor dem Gesicht.

Viel befremdlicher kam unsere kleine Showeinlage dem Publikum im Studio vor, und wir ernteten viele recht eigenartige Blicke. Auch die anderen teilnehmenden Musikerkollegen schüttelten größtenteils unwillig ihr damals meist wallendes Haupthaar.

Dieser Auftritt hatte ein Nachspiel! Noch am gleichen Abend rief Peter beim „Staatlichen Komitee für Unterhaltungskunst" in Berlin an, beklagte sich bitter und verlangte die sofortige Rekrutierung einer neuen Kapelle.

Und noch eine Reaktion: Meine Mutter hatte sich schon tagelang darauf gefreut, endlich einmal ihren Sohn im Fernsehen bewundern zu können, und hatte auch im Freundes- und Bekanntenkreis Werbung für unseren Auftritt gemacht. Nun saß dort im Fernsehgerät der Bernd am Schlagzeug, und Wolfram mit seiner komischen Zither war fast gar nicht im Bild! Das tat mir dann im Nachhinein ein wenig leid, denn diese Reaktion hatte ich nicht eingeplant. Sorry, Mami!

Nach diesem Intermezzo war die Auflösung dieser Band nur noch eine Frage von Tagen. Zu erinnern wäre hier noch das letzte gemeinsame Konzert in Warnemünde. Im Club war es so heiß, dass auf der Bühne fast alle von uns mit freiem Oberkörper vor sich hin schwitzten – das war damals in unserer etwas spießigen Weltprovinz fast eine Revolution!

Ungefähr ein Vierteljahrhundert später besuchte ich Peter Gläser kurz vor seinem Ableben auf der Palliativstation des Leipziger Elisabethkrankenhauses. Ich traf einen tapferen und erstaunlich gelassenen Menschen. In dem freundlich gestalteten und liebevoll eingerichteten Patientenzimmer unterhielten wir uns lange über die verschiedensten Themen. Das Licht der Herbstsonne fiel verschwenderisch durch die weit geöffneten Fenster. Groll blieb in unserem Gespräch ausgespart und wäre auch fehl am Platz gewesen. Ein guter Abschied.

Gustav

Gustav Schuster bin ich nie begegnet. Er war angeblich der Großvater von Ralf Schuster, mit welchem Erwin Stache und Dix 18 Monate gemeinsam die Erfurter Steigerkaserne bewohnten.

Nach gemeinsamen Erlebnissen bei „Cäsars Rockband" und der Gruppe „Tett" hatten beide Musiker Lust darauf, Rock, Funk und freie Improvisationsausflüge miteinander zu verbinden. Motor dieses Projekts wurde Bernd Herchenbach am Bass, und am Eierschneider (branchenüblicher Ausdruck für E-Gitarre) sägte Gert Unger wild vor sich hin. Diese Band nannten wir „Gustav Schuster – Combo", und Schusters oben erwähnter Enkel gab uns die exklusive Erlaubnis zur Verwendung des Namens seines Wurzener Ahnen.

Nun ließen alle vier Beteiligten so richtig „die Kuh fliegen". Konzeptionell war lediglich klar, dass unsere Musik sehr laut und expressiv sein sollte. Diese Zielsetzung wurde auch meist erreicht, und oft schüttelten selbst gestandene Musikerkollegen, die in die Nähe unserer eruptiven Happenings gerieten, verständnislos die Köpfe. Offenbar waren wir mir unserem Konzept der allgemeinen musikalischen Entwicklung ein paar Jahre voraus, ohne dass uns dies wirklich bewusst war.

Heute ist mir völlig klar, dass diese Band mit einem funktionierenden Management und ausreichender Präsenz ziemlich erfolgreich geworden wäre. Da beides leider nicht funktionierte, verblieben ein lokaler Mythos, einige diffuse Fotos sowie ziemlich verrauschte Mitschnitte auf Kompaktkassetten, die auf ihre digitale Nachbearbeitung warten.

Mitte der 1980er Jahre kam es zu einer recht kuriosen Zusammenarbeit mit dem damals schon einschlägig bekannten Literaten und Selbstdarsteller Sascha Anderson. Ermutigt durch einige erfolgreiche Clubauftritte im Rausch wollte Sascha sich beim Herausschreien seiner verbalen Eskapaden nun von einer professionellen Rhythmusgruppe unterstützen lassen. So kamen wir also zusammen, probten nicht und ließen uns in einem damals angesagten Hallenser Jugendklubhaus sogleich euphorisch feiern.

Mit fettigem, zerzaustem Haar, Nickelbrille und Stoppelbart betrat Anderson die Bühne, die zuvor von den Krachkaskaden der „Gustav Schuster – Combo" sturmreif geschossen worden war. Zielsicher griff er sich das Mikrophon und verkündete dem verdutzten Publikum: „Die Funktionäre sind im Widerstand!" Das weitere Absingen solch revoluzzerhafter Slogans wurde von unserer Band wacker untermalt und vom Großteil des anwesenden Publikums frenetisch beklatscht.

Als Trommler bei Gustav Schuster 1985

Nach diesem Abend im Rausch kam einige Tage später die Ernüchterung. Staatliche Stellen ließen uns wissen, dass wir auf Grund dieses Ereignisses ab sofort für unbestimmte Zeit Auftrittsverbot hätten.

Nun hatten wir also den Bogen überspannt und konnten uns für eine Weile als revolutionäre Helden bespiegeln. Damit war jedoch kein Einkommen zu erzielen, und deshalb war die Freude groß, als die brisante Angelegenheit einige Wochen später irgendwie im Sand verlief.

Sascha, unsere damalige „Rampensau", hatte zu dieser Zeit schon einen Nebenjob beim staatlichen Sicherheitsdienst. Für ihn galt dieses Auftrittsverbot nicht. Als wir das Anfang der 1990er Jahre erfuhren, bekam diese „revolutionäre Episode" unserer Biographien einen ziemlich faden Beigeschmack!

Berlin

Schon während meiner Schulzeit, bei der ersten Klassenfahrt nach Berlin, faszinierte mich diese Mauer. Es ist die eine Sache, etwas in Schrift, Bild und Ton übermittelt zu bekommen, und die andere, selbst am Ort des Geschehens zu sein. Von Anfang an empfand Dix dieses Symbol als wichtigen Teil seines Lebens, als Manifestation einer stets anwesenden Befindlichkeit. Das politische Drumherum war zwar auch interessant und fast allgegenwärtig, wichtiger aber war mir die Metapher.

Mit den Jahren gab es für mich eine zunehmende Anzahl Berlinaufenthalte, und im Tausch mit einer Rostocker Wohnung bekamen wir unsere erste Nebenwohnung in Berlin-Mitte. Ein ziemlich exotisch hergerichtetes Einraumappartement in der Borsigstraße, gegenüber der Golgathakirche, deren Glockengeläut auch den tiefsten Schlaf unterbrechen konnte.

Nun konnte Dix seine Auftritte in Berliner Clubs mit längeren Aufenthalten in der Hauptstadt verbinden, Auch ohne beruflichen Anlass wurde die Schnellzugverbindung zwischen Leipzig und Berlin nun oft genutzt. Es ergaben sich dadurch aber auch viele neue Kontakte zu Berliner Musikern. So kam es z.B. auch mal zu einem Aushilfs-Gig bei „Synopsis" (mit Uli Gumpert und Luten Petrowsky).

Für mich war es eine tiefe innere Befriedigung, nun hier dazuzugehören, und ich kann heute die jungen Kollegen mit ihrer ähnlichen Berlin-Begeisterung sehr gut verstehen.

Regelmäßig gastierte ich nun mit verschiedenen Besetzungen in der exklusiven Reihe „Jazz in der Kammer" des Deutschen Theaters, lernte vom Jazzkeller Treptow bis hin nach Hellersdorf und Marzahn sämtliche damals für mich erreichbare Spielstätten kennen und improvisierte auch schon mal auf inoffiziellen Privatfeiern - sowohl im kulturellen Establishment als auch im Underground. Auch in vielen Berliner Kneipen war ich ein oft und gern gesehener Gast.

Später gab es aus Gründen, die mir nicht mehr erinnerlich sind, einen Umzug in die Anklamer Straße. Wieder im Altbau, hatten wir hier sogar eine Badewanne! Nach meiner Odyssee durch diverse Leipziger Abbruchbuden kam mir dies als echter Luxus vor, und manchmal fuhr Dix nun einfach mal nach Berlin, um dort mal ein gemütliches Wannenbad zu nehmen.

Gleich gegenüber in der Brunnenstraße 154 befand sich damals eines der modernsten Tonstudios der „Republik". Hier wurden u.a. für das staatliche Plattenlabel AMIGA Pop- und Jazzprojekte aufgenommen.

Eines Tages hatte auch Dix hier die Möglichkeit, fünfzig Schritte von seiner Nebenwohnung entfernt mit der Gruppe TETT eine freie Improvisation aufnehmen zu dürfen. Damit auf der geplanten LP vier Gruppen Platz fanden, durfte keine Band länger als 12 Minuten musizieren.

Wir hatten als freie Jazzer zu jener Zeit nicht so oft die Gelegenheit zu professionellen Aufnahmen, und so reizten wir diese Zeitvorgabe bis zur letzten Sekunde aus: Nach erfolgtem Soundcheck stellten wir eine eigens mitgebrachte Uhr mit großem Zifferblatt so auf, dass Minuten und Sekunden für alle Spieler gut sichtbar waren. Dann improvisierten wir aufs Startsignal wild drauflos und brachen unser ekstatisches Finale genau dann ab, als der Sekundenzeiger den Zenit überschritt.

Die Dramaturgie dieses Werks – genannt „Die Fischsemmel" - war also zu großen Teilen einer Zeitbegrenzung geschuldet. Kreativer Umgang mit vorgefundenen oder auch selbst erschaffenen Begrenzungen gehörte schon damals zu unseren Stärken!

Diese Berliner Zeit stellt einen Höhepunkt meiner Jugend dar, und manche Chance hätte man noch ganz anders nutzen können, als es mir damals möglich war.

Posaune

1. Conny Bauer
2. Henry Walther
3. Jörg Huke

Saxophon

1. Manfred Hering
2. Volker Schlott
3. Dietmar Diesner

Flöte

1. Helmut Sachse
2. Thomas Klemm
3. Ernst-Ludwig Petrowsky

Piano

1. Reinmar Henschke
2. Ulli Gumpert
3. Stefan Kling

Keyboards

1. Stefan Kling
2. Hannes Zerbe
3. Reinmar Henschke

Gitarre

1. Gerd Unger
2. Helmut Sachse
3. Christian Platzer

Baß

1. Gerold Genßler
2. Stefan Weisser
3. Christoph Winckel

Cello

1. Peter Koch
2. Wilfried Staufenbiel
3. Jens Naumilkat

Schlagzeug

1. Wolfram Dix
2. Günter Sommer
3. Mario Würzebesser

Percussion

1. Günter Sommer
2. Hermann Naehring
3. Mario Würzebesser

Gesang/männlich

1. Rainer Kühn
2. Adapoe-Finholt
3. Wilfried Staufenbiel

Gesang/weiblich

1. Uschi Brüning
2. Pascal v. Wroblewsky
3. Angela Christof

LP des Jahres

1. Dieter Keitel: Swinging Teraw
2. Axel Donner Quartett
3. Dietmar Diesner: Solo

Größte Hoffnung

1. Thomas Moritz
2. René Schönherr
3. Eigen Art

● Wolf Kampmann, Sept. 1989

Top-Jazzer '88/'89

Das Für und Wider von Jazz Polls ist oft genug diskutiert worden. Sicher können sie nicht Aufschluß über die Qualität von Musik geben. Wohl aber vermögen sie die Frage nach der Publikumsresonanz zu beantworten, und, wer wollte es leugnen, Musiker wie Veranstalter kommen letztlich nicht am Publikum vorbei. So wagte auch der Jazzclub Berlin erstmalig einen solchen Poll für die DDR-Szene. Das Ergebnis mag manchen unserer Leser erstaunen. Wesentlichen Anteil daran haben die Umkreise der Jazzclubs von Leipzig und Wolfen, wofür ihnen an dieser Stelle gedankt sei. Uns ermutigt es, im nächsten Jahr die zweite Auflage folgen zu lassen.
Jeweils zwei Freikarten für die Jazz-Tage im Berliner HdjT gehen an

Andreas Gebauer, Am Schwalbennest 4, Leipzig, 7066
und A. Gläser, Kastanienallee 117, Berlin, 1050.

Herzlichen Glückwunsch! Glückwünsche auch an alle Musiker, die in unserer Top-Liste die vorderen Plätze einnehmen, vor allem Wolfram Dix, den Musiker des Jahres '88/89.

Liste der Top-Jazzer:

Musiker des Jahres

1. Wolfram Dix
2. Conny Bauer
3. Dietmar Diesner

Band des Jahres

1. Wolfram Dix Trio
2. Axel Donner Quartett
3. Fun Horns

Duo des Jahres

1. Herchenbach/Dix
2. Eigen Art
3. Diesner/Gumpert

Trompete

1. Andreas Altenfelder
2. Joachim Hesse
3. Jochen Gleichmann

Berliner Jazz-Poll 1989

Anca

„This is my Band!"

1987 unternahm das von mir gegründete Dix-Trio eine erste Tournee mit der rumänischen Jazzsängerin Anca Parghel. Bernd Jahnke aus Wurzen hatte diesen Kontakt vermittelt, und wir konzertierten in Clubs des Leipziger Umkreises.

Schon nach der ersten gemeinsamen Probe waren Thomas Moritz, Stefan Kling und Dix sichtlich beeindruckt von den musikalischen Qualitäten und der lebendigen Ausstrahlung unseres Gastes. Mit einer Sängerin dieses Formats hatten wir bisher nur ganz selten zusammen gearbeitet.

Anca hatte während ihres Musikstudiums auch sehr gute Klavierkenntnisse erworben und konnte uns so ihre eigenen Kompositionen ganz direkt vorstellen. Ihr Stimmumfang von ca. vier Oktaven erlaubte ihr unnachahmliche melodiöse Ausflüge.

Wir verständigten uns auf Englisch, und nach einigen Konzerten überraschte uns Anca mit dem Ausspruch: „This is my Band!" Auch wir waren natürlich der Meinung, dieses außergewöhnliche Projekt fortsetzen zu wollen, und so kam es dann auch zu einer regelmäßigen Zusammenarbeit, die bis 2003 andauerte.

Anca zeigte schon bei unserer ersten Tour eine für uns bisher ungewöhnliche Weltläufigkeit, und auch durch ihre Bühnenpräsenz unterschied sie sich deutlich von einheimischen Gesangskolleginnen.

Das Jazzpublikum in obersächsischen und thüringer Kleinstädten war schon begeistert, wenn Anca temperamentvoll auf Englisch durchs Programm führte, denn auch dadurch kam ein wenig internationales Flair in den grauen mitteldeutschen Alltag. Regelmäßig kündigte sie uns Mitmusiker als die allerbesten verfügbaren Instrumentalsolisten an, und Dix in seiner (noch heut recht stark ausgeprägten) Naivität ging dieses Lob runter wie Öl!

Erst viele Jahre später wurde mir klar, dass dies, einen ganz normalen Bestandteil ihrer professionellen Bühnenpräsenz darstellte und mit unseren tatsächlichen Qualitäten zu jener Zeit nicht viel zu tun hatte. So wurde in den 1990er Jahren unsere Zusammenarbeit in den von Anca veröffentlichten Lebensläufen regelmäßig verschwiegen, und im Internet finden sich bis heut einige unserer gemeinsamen Studioaufnahmen – leider ohne entsprechende Besetzungsangaben.

Thomas als unser bewährter Organisator hatte mit unserem transsilvanischen Sternchen besonders viel Arbeit, denn auch zwischen unseren Auftritten forderte die quirlige Solistin stets ein hohes Maß an Aufmerksamkeit.

Trotz immenser beruflicher Erfahrungen hatte sich unsere kleine Diva einige durchaus kindliche Züge bewahrt, die bei einer ersten Begegnung positiv beeindrucken konnten, jedoch auf die Dauer ziemlich anstrengend waren.

Doch all diese kleinen Schönheitsfehler änderten nichts am musikalischen Format dieser Sängerin, und uns allen machte die Zusammenarbeit große Freude!

Nach einem erfolgreichen Auftritt zu den Leipziger Jazztagen verließ Stefan die Band, und während der nächsten Jahre tourten wir mit dem Hallenser Gitarristen Eckart Gleim durchs Beitrittsgebiet. Ecki, wie ihn seine Fans nennen, brachte sehr interessante Arrangements in unser Programm, und das musikalische Profil änderte sich deutlich.

Wir nannten uns jetzt TAKE FOUR, und unter diesem Namen entstand auch eine umfangreiche Studioproduktion. Während in der ersten Besetzung noch Klaviersounds und manchmal sogar kollektive Vokalexperimente den Ton angaben, wurde unsere Musik nun etwas kammermusikalischer. Auch mit diesem Konzept führten wir noch einige begeistert aufgenommene Tourneen durch.

Anca hatte ihren Hauptwohnsitz mittlerweile nach Brüssel verlegt, aber leider wurde TAKE FOUR niemals nach Belgien eingeladen.

An meinen Abschied von Anca erinnere ich mich noch sehr deutlich: Nach einem gemeinsamen Konzert in Fürstenwalde fuhr ich sie zum Berliner Bahnhof Zoo. Ich fand einen Halteplatz, Anca griff sich ihr Reisegepäck und machte sich auf den Weg in die Bahnhofshalle. Ich blickte ihr etwas versonnen und ziemlich lange hinterher, so als ob ich ahnte dass dies unsere letzte Begegnung gewesen sein sollte.

Bremerhaven

Neun Jahre musste Dix auf die Erteilung eines Visums für Auftritte im „Nichtsozialistischen Währungsgebiet" warten. Neun Jahre, in welchen mein Leben einer Achterbahn glich, bestehend aus jugendlicher Euphorie, guter Musik und viel Liebe in der Höhe, aber auch erbärmlichem Frust und Gesundheitsproblemen in der Tiefe.

Nun, im November 1988, fand die erste Reise nach Nordwestdeutschland statt. Durch die vergangenen Querelen hatten sich die bereits unbegrenzt reisenden Bands, die ich teilweise mit begründet hatte, längst nach anderen Trommlern umgesehen.

So fand also mein erstes West-Gastspiel in einer ziemlich privaten Besetzung statt. Mein Freund Bernd Herchenbach, der stets umtriebige Bassist, Komponist und Lebenskünstler, hatte durch Beziehungen zu Freunden im niedersächsischen Donnern wieder einmal eine (teils fiktive) Einladung einer westlichen Agentur bekommen, und zu unserem großen Erstaunen durften wir diese tatsächlich annehmen.

Schon der Tag, an welchem wir dies erfuhren, war ein Festtag für uns!

Duo Wolfram Dix & Bernd Herchenbach 1988

Auf dem Weg nach Bremerhaven, wo eines der beiden geplanten Konzerte stattfinden sollte, machten wir Station bei der Künstleragentur in der Berliner Krausenstraße, unweit des "Checkpoint Charlie" gelegen, und holten uns dort die notwendigen Reisepapiere ab. Dann ging es wieder auf die Autobahn, und bei Zarrentin überfuhren wir nach ausgiebiger

Kontrolle durch den „Zoll" - oft waren das verkleidete Beamte des Staatssicherheitsdienstes - zum ersten Mal die innerdeutsche Grenze. Auf dem nächsten Parkplatz machten wir Rast, und die von mir vorsorglich mitgeführte Sektflasche der Marke „Rotkäppchen" wurde geöffnet und machte die Runde.

Von der Dauer des restlichen Weges waren wir ziemlich überrascht, und uns bestätigte sich die bis dahin gehabte Vermutung, dass Deutschland im Ganzen doch ein recht großes Gebiet darstellt. Bei der nächsten Pinkelpause auf einem mit Kiefern umwaldeten Parkplatz blieb Bernd ergriffen am Maschendrahtzaun stehen und fragte mich, ob ich die Sauberkeit dieser Westluft auch so wahrnehmen würde. Ich hielt diese Fragestellung für etwas übertrieben, bejahte jedoch seine Frage und dachte mir mein Teil.

Nachdem wir an Bremens Neubausilos vorbeigefahren waren und die Abenddämmerung langsam in die Nacht überging, kamen wir am vereinbarten Treffpunkt, einem Parkplatz neben der Autobahn, an.

Helle Peters und seine schöne junge Freundin erwarteten uns schon, und die Begrüßung hatte durchaus etwas Ergreifendes. Doch nachdem die ersten Sätze gewechselt waren, spitzte Dix plötzlich die Ohren, denn es war nun von für einige Wochen reservierten Zimmern, Besuchen bei der Einwohnermeldestelle und dem Arbeitsamt die Rede. Offenbar waren unsere Freunde der Meinung, die von ihnen freundlicherweise besorgte Agentureinladung

diene lediglich der Unterstützung einer etwas verkürzten Umsiedlungsprozedur. Im Verlauf des Gesprächs stellten wir jedoch klar, dass wir tatsächlich zum Konzertieren angereist waren und hinterher auch wieder nach Obersachsen zurückkehren wollten. Offenbar verdarb dies unseren Gastgebern ein wenig die Laune, und während der folgenden Tage in Donnern und Umgebung war leider stets eine gewisse Genervtheit zu spüren.

Trotzdem nahm unser Abenteuer „1.Westreise" weiterhin einen kurzweiligen Verlauf. Am Tag nach unserer Ankunft betraten wir gegen Nachmittag die Spielstätte unseres ersten und auch einzigen Konzertes dieser „Tournee", das Theatercafé Bremerhaven. Einige wenige Kaffeegäste verließen bald nach dem Beginn unserer Aufbauarbeiten das Lokal, so dass wir unser Instrumentarium ganz ungestört ausbreiten konnten. Bernd drapierte die Wände des Lokals mit einer Kulisse aus zerrissenen Zeitungen, die unserem Auftritt eine gewisse Theatralik geben sollte. Nach dem Anspiel hatten wir noch ein wenig Zeit, zusammen mit Helles Freundin die Innenstadt zu erkunden.

Das Konzert fand dann fast unter Ausschluss der nordwestdeutschen Öffentlichkeit statt. Doch zu den wenigen Gästen gehörte auch Jens Carstensen, ein Bremerhavener Musiker, der einfach sein mitgebrachtes Saxophon auspackte und mitspielte. So kam Dix also zu seiner ersten „deutsch-deutschen" Band, einer vom Ost-

Berliner Kulturministerium damals strengstens verbotenen Besetzungsform.

Während der anschließenden Siegesfeier in einer nahe gelegenen Kneipe merkten wir, dass wir drei einen guten Draht zueinander hatten, und diese Freundschaft hat bis heute gehalten Jens schrieb damals nebenher für die Lokalpresse, und in seiner Rezension unseres Duoauftritts stellte er u.a. die Frage, ob denn zwei Ostmusiker, die für einen finalen Auftritt in Bremerhaven jahrelange Strapazen auf sich genommen hatten, solch eine mangelhafte Publikumsresonanz verdienten.

Wir übernachteten noch einmal in Donnern, und nach dem gemeinsamen Besuch eines Konzertes unseres ebenfalls trommelnden Gastgebers Helle in der Hamburger „Fabrik" am kommenden Tag trennten sich unsere Wege. Unser hart erkämpftes Visum reichte für ca. eine Woche, und so stürzten wir uns nun abenteuerlustig in den realkapitalistischen Alltag.

Bernd flog von Bremen aus zu Berliner Freunden, und Dix setzte sich in den Zug und fuhr zu seinen vor kurzem umgesiedelten Freunden Anne und Andreas nach Den Haag. Im Zug lernte ich Nienke aus Amsterdam kennen, spazierte mit ihr durch Osnabrück, und mit Hilfe eines vom Zugpersonal weitestgehend unbürokratisch ausgestellten grünen Zettels gelang der Grenzübertritt ohne Probleme.

Im Rausch guten Weines und vieler neuer Eindrücke verpasste ich den vorgesehenen Umsteigebahnhof und fand mich abends auf dem Rotterdamer Bahnhof wieder, von wo aus ich dann nach einem Telefonat mit einer gewissen Verspätung in Den Haag ankam, wo mich Anne auf dem Bahnsteig fröhlich in Empfang nahm.

Die beiden wohnten damals noch in einer großzügigen Plattenbauwohnung, und nach einer kleinen Willkommensfeier verbrachte ich in meinem Gästezimmer fast die ganze Nacht mit Biertrinken und dem Bestaunen von Musikvideos auf MTV. So jagte ein Kulturschock den nächsten, immer gedämpft durch einen gewissen Anteil Alkohol im Blut.

Den Haag fand ich nicht so aufregend, aber der folgende Trip nach Amsterdam ließ mich voll auf meine Kosten kommen.

Zum ersten und bisher einzigen Mal besuchte ich eine Live-Show, staunte später die Huren in ihren rot illuminierten Fenstern an, sog aromatisch duftende Rauchschwaden tief in mich hinein und bestaunte das bunte Menschengemisch der niederländischen Kapitale. Am Abend war ich dann fix und fertig und schlief wie ein Stein.

Ungefähr eine Woche währte diese rauschhafte Reise, in welcher Dix sich den lange entbehrten Westen in sehr konzentrierter Form erschloss. Es gab offenbar vieles nachzuholen, und einiges Neue bereicherte von da an meinen Erfahrungsschatz.

Zur gemeinsamen Rückreise trafen wir uns schließlich wieder in Bremen. Von dort aus ging es am Harz vorbei über das Eichsfeld zurück nach Leipzig. Auch Bernd war von seinem Berlin-Trip total erschöpft, so dass unsere gemeinsame Ausfahrt noch fast an einer nächtlichen Leitplanke geendigt hätte. Doch schließlich erreichten wir gegen Morgen euphorisiert und ausgelaugt Leipzig und legten uns erst einmal aufs Ohr.

Am späten Vormittag rief ich dann in Berlin an, um mich nach dem genauen Beginn der Probenarbeit mit dem „Nationalen Jazzorchester der DDR" zu erkundigen. Verwundert teilte mir die Stimme am anderen Ende der Leitung mit, dass vor einigen Tagen ein anderer Trommler für das Projekt eingekauft worden sei, denn man habe ja nicht gewusst, ob Dix von seiner ersten Westreise auch zurückkommen würde.

Meine Mitarbeit bei dieser subventionierten Institution war also nicht mehr erforderlich, und so hatte ich nun eine Woche lang Zeit, mich zu erholen und die vielen bunten Bilder meiner Erinnerungen einigermaßen zu verdauen. Auch gut.

Hannover

Das Jahr 1989 bewegte uns und wurde (nicht nur) von uns bewegt. Dix konnte nun endlich aufspielen wo er wollte, und einige Gastspiele in Berlin-Kreuzberg, Bremen und Oldenburg brachten Erfolg, neue Kontakte und kompatible Honorare.

Die DDR implodierte täglich ein Stück mehr. Im September begann ich meine Lehrtätigkeit an der Leipziger Musikhochschule, wo ich die Hauptfachklasse Schlagzeug/Jazzperkussion übernahm. Mein Übungsraum befand sich im Keller des Hauses (Ratsfrei-)Schulstraße 10, wo zu jener Zeit noch die legendären Montags-Sessions der Leipziger Improvisationsmusiker stattfanden. Auch meinen Schlagzeugunterricht gab ich dort, und in den Pausen konnte ich oben auf den Straßen der Stadt schon leise Vorboten der kommenden Umwälzungen erspüren.

Am 8.Oktober fuhr ich mit dem Zug nach Berlin, um mir bei der Künstleragentur in der Krausenstraße mein Visum für die folgende Gastspielreise abzuholen. Die Mitarbeiter begrüßten mich mit einer mir bis dahin nicht bekannten Freundlichkeit und überreichten mir ohne weitere Formalitäten meinen Pass, in welchem ich zum ersten Mal das begehrte Dauervisum für Reisen ins „nichtsozialistische Wirtschaftsgebiet" vorfand. Eine große Freude, denn bisher mussten wir für jedes einzelne Konzert ein neues Visum beantragen.

Fröhlich machte ich noch einen Spaziergang durch Berlin-Mitte und betrachtete u.a. die Überreste der inszenierten Jubelfeier des vergangenen Tages. Grau und leer standen die verlassenen Tribünen unter den Linden, und der kühle Herbstwind wehte Pappbecher und anderen Müll durch die alten Straßen. Die sichtbare Tristesse stand in seltsamem Gegensatz zu meiner Befindlichkeit, hatte sich doch für Dix vor ein paar Minuten das Tor zur Welt wieder etwas weiter geöffnet.

In den Kneipen der Hauptstadt kursierten an diesem Abend wilde Gerüchte. Angeblich wurden im Land ringsum schon zahlreiche Betriebsferienlager für eine zu erwartende Verhaftungswelle in Internierungslager umgerüstet. Keiner wusste genau, was die kommenden Tage bringen würden – Hoffnung und Angst gingen eine bemerkenswerte Symbiose ein.

Am 9.Oktober machten wir uns auf den Weg nach Hannover, wo wir gegen Mittag ankamen. Eigentlich sollte in dem Langenhagener Kulturhaus unser „Acoustic Art Trio" aufspielen, doch Pianist Reinmar Henschke hatte kein Visum bekommen. So sprang der Saxophonist Theo Nabicht kurzfristig ein, mit welchem uns aber vor diesem wichtigen Konzert noch einige Proben notwendig erschienen. Diese sollten direkt in Hannover stattfinden und waren teilweise auch Vorwand für eine längere Verweildauer an der Leine.

Während der gesamten Fahrt versuchten wir unserer Erregung Herr zu werden, und nachdem wir in Langenhagen eine erste kurze Verständigungsprobe durchgeführt hatten, setzten wir uns in der Jugendherberge an der Hannoveraner Eilenriede vor den Fernseher und verfolgten die Berichte von der Demonstration der 70 000 Leipziger.

Ein fast unbeschreibliches Gefühl der Erleichterung, als das friedliche Ende des Geschehens absehbar wurde! Nun war klar, dass unser Aufenthalt in Hannover nicht zu dauerndem Exil wurde. Nun belagerten wir das einzig verfügbare Münztelefon und beglückwünschten nacheinander unsere Freunde und Angehörigen daheim. Dann konnten wir noch lange nicht schlafen und feierten noch bis tief in die Nacht.

Auch Peter Held, ein Pianist aus Hagen, freute sich mit uns. Er war extra angereist, um den Kontakt mit uns zu halten und sich unser Konzert anzuhören.

Während der kommenden Jahre entstand mit Gerold am Bass das Peter Held-Trio, mit welchem Dix viele wichtige Erfahrungen machen durfte.

So kam es also dazu, dass Dix nicht an der als „Friedliche Revolution" in die Geschichtsbücher eingegangenen Leipziger Demonstration vom 9.Oktober 1989 teilnahm.

Ungeachtet dessen beflügelte die folgende mediale Euphorie mich dazu, unsere aus der frisch ernannten „Heldenstadt" Leipzig stammenden Improvisationseskapaden eine geraume Zeit lang mit dem Etikett „Heldenjazz" zu versehen. Vom Publikum in Ost und West wurde dies dankbar aufgenommen.

20 Jahre später, am 9.Oktober 2009, richtete die Stadt Leipzig zur Erinnerung an die beschriebenen Ereignisse ein erneutes Massenbegängnis des Innenstadtrings aus. Licht und Klanginstallationen sorgten für angemessene Verschränkung der Zeitgeister, und die Teilnehmerzahl übertraf überraschenderweise die ursprüngliche um ca. 30 000 Menschen.

Leipziger Demo - Impression

An diesem Abend konnte Dix nun seine versäumte Teilnahme nachholen, und es war nicht nur für mich ein bleibendes Erlebnis, auf diese Weise noch einmal lebendig Geschichte nachzuempfinden!

Maueröffnung

Am Abend des 8. November 1989 hatten wir als „Torsten Schlingelhof & Band" einen Auftritt im Jugendklubhaus Rostock. Die Ereignisse dieses bewegten Jahres kulminierten, und fast jeder Tag brachte eine neue Überraschung. Trotzdem versuchten wir Musiker, unseren terminlichen Verpflichtungen nachzukommen, so gut es ging. Wir waren es bisher gewohnt, bei unseren Konzerten volle Clubs bzw. Säle vorzufinden, doch ganz allmählich wurden wir diesbezüglich mit dem Geist der neuen Zeit konfrontiert. Jetzt hatten die Menschen plötzlich andere, neue Beschäftigungen entdeckt, und Kultur in ihrer Funktion als staatlich subventioniertes Narkotikum war erst einmal nicht mehr so stark gefragt.

Während wir im Rostocker Klubhaus Instrumente und Anlage aufbauten, lief über die hauseigene Tonanlage die Rundfunkübertragung einer Pressekonferenz. Ein gewisser Herr Schabowski hatte die Aufgabe übernommen, den angereisten Journalisten die Haltung der DDR-Regierung zu den aktuellen Ereignissen zu vermitteln. Am Schluss der Sendung machte er seine schicksalhafte Aussage zur Reisefreiheit, nach welcher die Ostberliner Bevölkerung umgehend mit dem Sturm auf die Mauer begann. Doch dies war uns in Rostock zu diesem Zeitpunkt noch nicht so bewusst, und so absolvierten wir erst mal brav unser Konzert.

Erst am späten Abend im Lichtenhagener Quartier sahen wir im Fernsehen, was in Berlin los war. Noch konnten wir das Ausmaß der auf uns zukommenden Veränderungen nur ahnen, waren aber auch so äußerst bewegt von diesen Nachrichten. Am kommenden Tag führte uns unser Tourkalender in eben dieses nun geöffnete Berlin, und unsere Spannung stieg von Kilometer zu Kilometer. Im Radio lief auf vielen Sendern der Popsong „Celebration", und dieses Lied entsprach genau der Stimmung des Tages.

Unser Konzert sollte in einem Neubau-Klubhaus an der östlichen Peripherie stattfinden. Schon während der Fahrt hatten wir uns überlegt, wie wir unseren Gastspielvertrag einhalten könnten, ohne wirklich aufspielen zu müssen. Reinmar, unser Pianist, war bisher noch nie im Westen gewesen und brannte nun darauf, die Grenzöffnung zum Bummel auf dem Kudamm zu nutzen. Niemand von uns wusste ja zu dieser Zeit, ob die Mauer nicht vielleicht doch wieder dicht gemacht würde.

So bauten wir also auf der Bühne einen Wald von Mikrophonen auf, die sich um meine kleine Trommel als einziges Instrument gruppierten. Dann setzte ich mich dahinter und führte mit dem Techniker vertragsgemäß einen Soundcheck durch. Währenddessen stand stets einer der Kollegen an der Tür, um evtl. auftauchende Konzertbesucher dezent nach Hause oder gleich in den Westen zu schicken. Die nicht sehr zahlreich gekommenen Gäste ließen sich erfreulicherweise alle dazu überreden, den Abend auf andere Art zu verbringen. So konnten wir also bald unsere Sachen wieder zusammenpacken und in den Tourbus räumen.

Reinmar machte sich nun hoffnungsvoll auf in Richtung Bahnhof Zoo, und Dix setzte sich in den fast leeren Zug Richtung Leipzig. Den Westen kannte er schon.

Weimar

Mitte der 1990er Jahre gab es eine umfangreiche musikalische Zusammenarbeit mit dem Gitarristen Ralf Siedhoff. Wir hatten uns bei gemeinsamer Arbeit am Thalia Theater in Halle/Saale kennen gelernt, wo Ralf eine Weile die Rolle des musikalischen Leiters inne hatte. Seine große Liebe waren schon damals die indische Musik und natürlich die damit verbundenen Gedankenmodelle. Diesbezüglich hatten wir sofort Resonanz, und das gemeinsame Musizieren bereitete ebenfalls große Freude. So stieg ich also in sein Trio ein, welches 1994 zur Keimzelle eines groß angelegten Projektes wurde.

Unter dem Titel ONE SKY – ONE RHYTHM versammelte Ralf mitten im kulturüberladenen Weimar ein buntes Häufchen Musikanten aus aller Welt um sich, die teilweise auch tatsächlich ihren Hauptwohnsitz außerhalb der deutschen Landesgrenzen hatten. Zu den Proben im ACC fanden sich zusammen: die Sängerinnen Agnes Buen Garnas und Kirsten Braten Berg aus Norwegen, der Bassist Sebastian Herzfeld aus Halle an der Saale, der indische Trommel-Star Trilok Gurtu aus Rhen, Trompeter Markus Stockhausen aus Erftstadt, Trommelprofessor Ademolo Onibonokuta aus Oshogbo, Perkussionist Tunji Beier aus Bayreuth, Gitarrist Ralf Siedhoff aus Weimar, der indische Schlagwerker Ramesh Shotham aus Köln sowie der sächsische Trommler Wolfram Dix aus Leipzig. Die

Kompositionen unseres ebenso bunten Programms stammten von Ralf und einigen anderen Bandmitgliedern, und besonders in rhythmischer Hinsicht gab es sehr anspruchsvolles Material zu bewältigen.

Seltsam erschien mir, dass der in Deutschland lebende Trilok Gurtu seine Kenntnisse der Landessprache vor uns verheimlichte. So bat er während der Proben mehrmals den räumlich recht weit von mir stehenden Markus Stockhausen in Englisch, einige an meine Adresse gerichtete Spielanweisungen zu übersetzen. Ebenso gut hätte er sich an mich wenden können, denn ich saß mit meinem Set direkt neben ihm und war beider Sprachen einigermaßen mächtig. Nun, hier offenbarten sich möglicherweise die tiefsten Geheimnisse hierarchischer Strukturen, doch an deren Auslotung hatte ich zu diesem Zeitpunkt kein größeres Interesse. Ich schaute mir das Spielchen also an und dachte mir meinen Teil dazu.

Überhaupt hatte Dix in dieser Kapelle den verantwortungsvollen, doch nicht all zu rühmlichen Job, mit einem großen Drum-Kit die um ihn herumwogenden Ego-Trips einigermaßen zusammenzuhalten. Damit entsprach meine Tätigkeit in etwa dem Motto des Konzerts, und ich löste diese Aufgabenstellung ganz leidlich. Nur für große solistische Ausflüge gab es leider keine Gelegenheiten, das war Sache der anderen.

Unser Konzert in seiner Vielfalt wurde vom Publikum begeistert aufgenommen, und im ACC gab es anschließend natürlich noch die dazu gehörige Siegesfeier. Dix war sehr beeindruckt davon, dass die internationalen Perkussionskollegen alle die Fähigkeit besaßen, außer mit der indischen Rhythmussprache Konakol auch noch mit den Fingern auf allen in die Quere kommenden Flaschen und Gläsern rhythmische Strukturen darzubieten. Das wollte ich auch lernen! Heute, wo fast jeder Jazzstudent des ersten Semesters schon über solche Fähigkeiten verfügt, schmunzele ich natürlich etwas über meine damalige Ergriffenheit.

Mit Markus, Ralf und Sebastian war Dix in der Folge noch mehrmals auf Tour, ehe sich die Wogen der euphorischen innerdeutschen Integrationsbestrebungen wieder legten und fast alle brav ins gemachte Nest zurückkehrten. Es waren Jahre voller großer Möglichkeiten. Die meisten davon wurden leider vertan.

2002 erschien die CD „Worldbeat", die wir mit Hilfe von Chris Jarrett, Ralf Schneider, Vincent Nguyen, Amit Banerjee, Jorgos Psirakis, Wolfgang Schmidtke und Sebastian Parche in Ralfs Weimarer Wohnstube auf Festplatte bannten. Doch das ist dann schon wieder eine andere Geschichte…

Joachim und Roland

1998 nahm ich meine erste Solo – CD „DIX – PERCUSSION & VOICE" in Bernd Borns Kröllwitzer Studio auf. Das Material des Albums bestand zum größten Teil aus klanglicher Reflexion von geistiger Erfahrung, die in jenen Jahren in überreichem Maße auf mich einströmte. 1995 war ich einer Rosenkreuzerorganisation beigetreten, unter deren Anleitung ich in Folge eifrig hermetische Philosophie und Qabalah studierte. Dadurch erschlossen sich für mich auch viele Querverbindungen von mystischen Denkmodellen zur Musik. Diese hatten sich jedoch schon einige Jahre vorher im umfangreichen Werk des Musikjournalisten Joachim-Ernst Berendt angedeutet, wenn auch mit einem mehr orientalisch strukturierten Hintergrund.

Berendt war mir schon seit den 1980er Jahren als Wegbereiter einer offenen Herangehensweise an Klang und Hören bekannt, und unmittelbar nach der Maueröffnung hatte ich mir eine Menge seiner Veröffentlichungen besorgt und diese auch eifrig in mich eingesogen. So gelangte ich zu einigen mir neu erscheinenden Einblicken, die mir auf der einen Seite Türen öffneten, andere jedoch erst einmal zuschlugen. Dadurch wuchs in mir auch der Drang, mich mit „Weltmusik" zu beschäftigen und diese selbst auszuprobieren.

Nun kam das „Schicksal" wie so oft wieder einmal offensiv auf mich zu. Joachim-Ernst Berendt hielt einen Vortrag in der Taborkirche zu Leipzig-Kleinzschocher, in welcher ich 1990 getauft worden war.

Leider erlaubte mir mein Terminplan nicht, mir diesen Auftritt persönlich anzuhören, doch irgendwie bekam ich heraus, in welchem Hotel sich der verehrte Mensch einquartiert hatte. Nach einigem Zögern rief ich ihn dort an. Dix stellte sich kurz vor, und dann unterhielten wir uns eine Weile über verschiedene Dinge. Da ich mir so ungefähr ausmalen konnte, wofür sich der Gast aus Baden-Baden interessieren könnte, schlug ich ihm schließlich einen gemeinsamen Besuch des Macherner Landschaftsparks und die Besichtigung der sich darin befindlichen Bauwerke vor. Spontan sagte er zu, und wir vereinbarten einen Termin am kommenden Tag.

Im Macherner Park hatte ich nun einen echten Heimvorteil: mein Vater Roland Dix war schon seit den 1980er Jahren mit viel Enthusiasmus dabei, dieses Stück Kulturerbe zu erhalten und zu verschönern, und hatte zu diesem Zwecke die Gründung eines Vereins angeregt, welchem er dann auch lange Jahre persönlich vorstand. Nach einigen Unstimmigkeiten hatte er sich zwar von diesem Leitungsposten zurückgezogen, aber noch immer war er an dem Geschehen in „seinem Park" sehr interessiert und führte als rüstiger Rentner regelmäßig Besuchergruppen durchs Revier.

Und genau solch eine profunde Parkführung konnte ich nun vereinbaren, und ich war sehr gespannt, wie sich die beiden von mir hoch geschätzten älteren Herren denn untereinander vertragen würden.

Am nächsten Tag konnte ich schon auf der Autofahrt nach Machern eine sehr spannende Unterhaltung mit meinem Gast führen, nachdem ich ihn vom Hotel abgeholt hatte. Wir fanden viele gemeinsame Anknüpfungspunkte in den Bereichen Musik und Philosophie, und die Zeit verging wie im Flug. In Machern führte uns mein Vater kundig durch den Park, und besonders die Besichtigung der „Ritterburg" hinterließ bei JEB spürbaren Eindruck. Auch die Pyramide betrachteten wir von innen, und Roland Dix brachte eine Menge Wissenswertes zu Gehör. Nach Beendigung der Führung lud ich uns drei noch zu einem Mittagsmahl in die Schlossgaststätte ein, und auch hier versiegte der Informations- und Meinungsaustausch nicht. Wir hatten uns offensichtlich einiges zu erzählen. Die beiden Älteren hatten wichtige Abschnitte der deutschen Geschichte aus völlig unter-schiedlicher Perspektive persönlich miterlebt, und hin und wieder gelang mir die Moderation.

Nach diesem gehaltvollen Vormittag fragte mich der Gast auf der Rückfahrt ins Leipziger Hotel nun auch über meine musikalische Arbeit aus. Offenbar konnte er sich ein recht umfassendes Bild davon machen, denn er sprach mich auf die Möglichkeit einer Zusammenarbeit an.

Natürlich hatte ich nichts dagegen, und so vereinbarten wir, telefonisch in Kontakt zu bleiben.

Einige Tage später kam dann meine Solo-CD frisch aus dem Brennwerk, und eines der ersten Exemplare dieses Silberlings überreichte ich JEB nach einem seiner Vorträge in den Franckeschen Stiftungen zu Halle/Saale.

Ende 1999 rief mich JEB an und schlug mir die Mitarbeit bei einem seiner aktuellen Projekte vor. Es sollte ein Sampler mit Stücken von Solomusikern ganz verschiedener Herkunft und Herangehensweise entstehen, deren Stücke durch die Vorgabe einer Idee miteinander vereinigt würden. Das Herz hüpfte mir vor Freude, und begeistert sagte Dix seine Mitarbeit zu.

Als ich Anfang 2000 vormittags in der Badewanne saß und im kleinen Transistorradio die Nachricht von Berendts Ableben verlesen wurde, konnte ich es zuerst gar nicht fassen.

Auf dem Weg zu einer Veranstaltung, auf welcher sein damals neuestes Buch vorgestellt werden sollte, übersah JEB das rote Leuchten einer Verkehrsampel und verursachte einen Unfall, dessen Folgen er kurz darauf erlag.

Besagtes Buch trägt den Titel: „Es gibt keinen Weg. Nur gehen"

Solo

Mitte der 1990er Jahre erfasste mich eine wachsende Unlust, die bisher beschrittenen musikalischen Pfade weiter zu begehen. Vom Rock kommend hatte sich Dix Ende der 1970er begeistert in den Freejazz gestürzt, später dann auch Erfahrungen mit anderen Jazz-Stilen gesammelt, und nun verdiente er sich im Ergebnis der veränderten gesellschaftlichen Rahmenbedingungen vorwiegend als Schlagzeugdozent und Theatermusiker seinen Lebensunterhalt. Finanziell ging es mir damit ganz gut, doch die oft beschriebene Künstlerseele darbte.

So machte ich mich also wieder einmal auf die Suche und fand 1995 die „Wavedrum" der japanischen Firma KORG. Sie stand recht unauffällig im APEX-Musikladen in der Leipziger Nonnenstraße, und Geschäftsinhaber Raik meinte, ich solle dieses ungewöhnliche Instrument einmal ausprobieren. Das ließ sich Dix nicht zweimal sagen, setzte sich Kopfhörer auf und entschwand sofort in eine bisher unerhörte Klangwelt, aus welcher er erst geraume Zeit später begeistert wieder auftauchte. Nachdem ich daheim kurz meine Barschaft überprüft hatte, ging ich zurück ins Geschäft und kaufte das Instrument für einen für damalige Verhältnisse äußerst stattlichen Preis.

Nun war ich also auf Entdeckungsreise im Land elektroakustischer Klänge, die ich mit Hilfe dieser

Erfindung ohne die Hilfe einer Tastatur, sondern mit dem mir gewohnten Schlagfell einer Trommel abrufen und steuern konnte. Da meine pianistischen Fähigkeiten mangelhaft sind, war dies eine große Chance für mich, meinen interpretatorischen und kompositorischen Horizont gezielt zu erweitern, ohne mich lustlos am Keyboard zu quälen. Mit Feuereifer machte sich Dix an die Arbeit, und schon nach kurzer Zeit entstanden erste musikalische Strukturen, die den vorgegebenen Sounds folgten. Davon gab es auf der „Wavedrum" genau 100, und in den meisten davon konnte man mit Hilfe eines Zusatzgeräts Änderungen vornehmen, die bald aus dem Instrument ein ganz persönliches und unverwechselbares Klangwerkzeug machten.

Jetzt machte Dix sich daran, die gefundenen Klangstrukturen mit außermusikalischen Konzepten zu verbinden, erlernte Ober- (und „Unter")tongesang, nahm noch einige Gongs, Glöckchen und ein Tamtam in sein Instrumentarium auf und konnte so seine **IMPROVISIERTE KONZEPTMUSIK** endlich detailliert ausarbeiten!

Nach einem der ersten, noch sehr zaghaften Auftritt im Eingangstunnel der Macherner „Ritterburg" machte ich mich flugs daran, als Fortsetzung dieser Arbeit einige Wochen später gleich dieses ganze Bauwerk mit einer temporären Klanginstallation auszuschmücken. Auf mehreren Etagen waren über getrennte Lautsprechersysteme einzelne Teile meines Konzepts, so genannte Klangschaften, zu vernehmen.

Die geneigten Hörer mussten sich durch fleißiges Treppensteigen den Genuss meiner Klänge echt erarbeiten!

Bei dieser Aktion konnte ich auch schon meine damals noch ganz frische Solo-CD zum Verkauf anbieten, ohne in meiner Euphorie zu ahnen, dass der Verkauf der gesamten Auflage auch 2009 noch nicht abgeschlossen sein sollte.

Mich reizte diese Arbeit an ungewöhnlichen Orten, und diese kamen mir nun wahrlich entgegen. So gastierte Dix – Solo u.a. in der Templerkapelle zu Mücheln bei Wettin, im ausgetrockneten Schwimmbecken des Bremerhavener Stadtbades und schließlich im Leipziger „Völkerschlachtdenkmal".

Dieser riesenhafte Bau verkörperte für mich zu jener Zeit nicht in erster Linie eine Gedenkstätte für (ab-) geschlachtete Völkerschaften, sondern eher den Tempel einer zeitlosen mystischen Traditionslinie, die hierzulande u.a. unter dem Namen „Freimaurerei" in Erscheinung getreten war. Dementsprechend groß waren Ehrfurcht und Respekt des frisch gebackenen Adepten, der nun in solch irgendwie geheiligten Kulissen sein doch recht bescheidenes Ritual abziehen durfte. Ich fühlte mich sehr wohl dabei, und mein Ego schnalzte genüsslich mit der Zunge ob dieser musikalisch-esoterischen Leckerein.

Das Publikum war in der Regel von meinen Solokonzerten recht angetan, doch der erhoffte große Durchbruch gelang mir damit leider nicht. Angeregt durch die neu entdeckten Klänge und Strukturen zog es mich jedoch zu jener Zeit immer mehr zur Handperkussion. Ich erlernte in der Folge Bongos, Darabukka, Kanjira und Bodhran, nahm Unterricht bei Selva Ganesh, Hakim Ludin, Glenn Velez und anderen Helden meines Perkussionskosmos und erweiterte meinen Horizont mehr und mehr.

Irgendwann stand ich sogar kurz vor dem apodiktischen Entschluss, die „Schießbude" ganz in die Abstellkammer zu verbannen und mich nur noch mit Handperkussion und Komposition durchzuschlagen. Dazu kam es dann doch nicht, und im Nachhinein bin ich doch sehr froh, dass das alte Ehepaar „Dix + Drumset" damals nicht vor dem Scheidungsrichter endete.

Dix im Zeitzer Dom 2002

Posterstein

Ein kleines thüringisches Dorf zwischen Ronneburg und Schmölln zog mich Ende der 1990er Jahre regelmäßig an. In einem malerischen Tal nahe der Bundesautobahn 4 gruppieren sich hier wohl erhaltene bäuerliche Anwesen am Lauf eines Baches. Die Dorfkneipe ist schon lange geschlossen, und auch die täglichen Einkäufe können die Einwohner dieses malerischen Fleckens nur noch per Auto außerhalb der Ortschaft erledigen. Freiwillige und erzwungene Ruhe vereinen sich hier wie in tausenden mitteleuropäischen Dörfern zu durchaus beschaulicher Symbiose.

Hier hatte sich in jener Zeit der Musiker Kay Kalytta niedergelassen. Er bewohnte mit seiner Familie einen aufwendig restaurierten Dreiseitenhof mit Atelierhaus zur Miete, und im Schatten der Postersteiner Burg fanden hier Kunst und Kultur viel Muse zum Wachsen und Gedeihen.

Den Trommlerkollegen Kay traf ich zum ersten Mal im „Besetzten Haus" in Weimar. Dort gab es kurioserweise zwischen all dem basisdemokratisch legitimierten Aussteiger-Keim auch ein durchaus funktionstüchtiges Tonstudio. Mit Frieder W. Bergner und Silke Gonska nahmen wir dort 1996 ganz gemütlich das Album „Entdeckung der Langsamkeit" auf.

Während einer Pause zwischen den Aufnahmesets traf ich im Vorraum einen jungen Mann mit modisch kahlgeschorenem Haupt, der sehr passabel auf einer Kanjira herumtrommelte. Einige Jahre zuvor hatte ich selbst das Glück gehabt, während eines Sommerkurses in Marktoberdorf einige Lektionen beim Shakti-Perkussionisten Selva Ganesh zu erhalten, und nun ergab sich aus der gemeinsamen Kenntnis dieses kleinen indischen Instruments sofort ausreichender Gesprächsstoff. Bald entdeckten wir noch weitere Gemeinsamkeiten, und mir war bald klar, dass uns unsere Wege recht bald wieder zueinander führen würden.

Nach einer Zeit des schriftlichen und telefonischen Austauschs begannen wir uns regelmäßig in Posterstein zu treffen. Hier beim Kay konnte man in aller Ruhe proben und disputieren, und das großzügige Atelierhaus wurde bald zum Proben- und Aufführungsort verschiedener interessanter Projekte. So musizierten wir beide dort gemeinsam mit Ralf Siedhoff, Zoltan Lantos, Bernd Born, Wieland Wagner, Michael Breitenbach, Matthias Zeller, Hartmut Köllner u.v.a., und anlässlich von Kays Hochzeit gab es eine spontane Session mit dem Thüringer Lokalmatador der Gitarre Falk Zenker. Auch das „Neue Leipziger Jazztrio" mit Dix, Sabine Helmbold und Thomas Stahr hatte in Posterstein einen seiner denkwürdigsten Auftritte.

Nebenan im Arbeitsraum der Wohnung nahmen wir mit einfachen technischen Mitteln auch recht komplexe musikalische Werke auf, und das Perkussions-Duo, welches sich aus dieser Arbeit entwickelte, nannten wir „D-Rums&." Solch ein Wortungetüm ist ganz verschieden zu entschlüsseln, und die jeweils gültige Dechiffrierungsvariante unseres Namens überlasse ich dem geneigten Leser. Aus diesem Trommelduo entstand während einer mehrjährigen Arbeitsphase ein Miniatur-Kammerorchester höchster Wirksamkeit:

In Zusammenarbeit mit Josef Anton Riedl wurden von uns die musikalischen Möglichkeiten der Werkstoffbehandlung erforscht. Mit der gleichen Selbstverständlichkeit instrumentalisierten wir plastische Werke von Peter F. Piening oder Kubach & Kropp.

Botanische Gärten wurden durch unsere Sounds zu Oasen der Entspannung, und zeitgenössische Orchesterprojekte wie z.B. das "Ensemble Creativ" erhielten durch unsere improvisatorische und kompositorische Zuarbeit unverwechselbare Brisanz. Im kammermusikalischen Kontext arbeiteten wir mit Sigune von Osten, Wu Wei und dem Ensemble "World Pulse" zusammen.

Nach Gründung des „Ensemble Creativ" wurden unsere Treffen in Posterstein jedoch immer seltener, und die gemeinsame Arbeit konzentrierte sich nun mehr in Schloss Ostrau und Halle an der Saale.

Kay zog dann irgendwann mit seiner Familie nach Jena, und dadurch wurde unsere regelmäßige Zusammenarbeit in romantischer Umgebung vorerst beendet. Neben unserem musikalischen Austausch entstand damals auch ein lebendiger geistiger Disput, den wir auch heut regelmäßig fortsetzen. Wir sind weiterhin im Kontakt, arbeiten sporadisch zusammen, und ab und an vertritt mich der Kay auch mal beim „LeipJAZZig-Orkester" als Perkussionist.

Oft denke ich an diese wertvolle Zeit in Posterstein zurück. Abgesehen von all der gedeihlichen Zusammenarbeit, die dort während weniger Jahre stattfand, schätze ich diesen Ort noch heut auch als einen bisher von mir noch nicht verwirklichten Entwurf eigener Sesshaftigkeit. Das kleine Dorf und seine gesamte Umgebung fügten sich zu jener Zeit nahtlos ein in eine überaus romantische Phase meines Lebens.

Wolfgang

Mit dem kalendarischen Jahrtausendwechsel ging meine Tätigkeit an den Theatern der Leipziger Umgebung zu Ende. Ich hatte dabei zwar gut Geld eingenommen, aber das Ende dieser Phase brachte mir auch Erleichterung. Jetzt konnte ich mich wieder mit voller Kraft und einem größeren Zeitkontingent dem Jazz und der I-Musik widmen.

Thomas Moritz fragte mich, ob ich mir denn ein Quartett mit ihm, Stefan Kling und Wolfgang Schlüter vorstellen könne. Ein verlockendes Angebot! Ende der 1970er Jahre gehörte Wolfgang zu meinen großen Jazzhelden. Vom Honorar einer größeren Tournee hatte ich mir damals ein nagelneues Vibraphon gekauft.

Regelmäßig lauschte Dix in seiner damaligen Abrisswohnung den Jazzsendungen des NDR, in deren Programm auch die NDR-Bigband eine große Rolle spielte. Dort war Wolfgang ein gefeierter Solist. Ab und an überlegte sich Dix nach Sendungsschluss, vielleicht doch mal richtig Vibraphon spielen zu lernen. Es blieb jedoch bis heut beim Vorsatz…

Wolfgang hatte in den 1990er Jahren schon einige Konzerte in Leipzig gegeben, so u.a. mit Peter Rühmkorf, Michael Naura und der Band von Harry Nicolai. Dort hatte ihn auch Thomas kennen gelernt und in seine Pläne einbezogen.

Mit diesem Idol meiner frühen Jugend gemeinsam musizieren – eine wunderbare Perspektive! Wir hatten uns vor der ersten gemeinsamen Probe im Trio intensiv mit den Schlüterschen Noten beschäftigt, so dass es keine größeren Probleme gab. Die Kompositionen waren größtenteils im Swing- und Latinbereich angesiedelt und bereiteten uns große Freude. Wieder einmal hatte sich eine Band zusammengefunden, deren Alchemie stimmig war.

Besonders gern denke ich an die gemeinsamen Tage im Haus der Familie Schlüter in Henstedt-Ulzburg. Wolfgangs Frau Karin, die 2007 bei einem schweren Verkehrsunfall ums Leben kam, war die eigentliche Seele unserer Band. Eine echte Musikantenbraut, die in den 1960er Jahren selbst mit auf Tour war, später den Haushalt und die Kindererziehung meisterte und mit ihrem Wolf durch dick und dünn ging.

Beim Zusammensein mit diesen liebenswürdigen Menschen kam mir auch oft die Assoziation an meine Großeltern – auch sie hießen Wolf und Karin. Obwohl Wolfgang ursprünglich aus Berlin kam, hatte ich bei den Besuchen in Rehn stets das Gefühl des Besuchs bei liebenswürdiger Westverwandtschaft.

Bis zum Jahr 2006 konzertierten wir regelmäßig in deutschen Landen, und wir hatten durch die Zusammenarbeit mit Wolfgang die Möglichkeit, neue Spielstätten zu entdecken, deren Türen uns sonst verschlossen geblieben wären. Noch immer überwog im Denken der Musikliebhaber und Veranstalter eine tradierte Ost/West-Teilung, und dieses Wolfgang Schlüter – Quartett war somit ein aktiver Beitrag zur „Deutschen Einheit" – über zehn Jahre nach deren offiziellem Vollzug!

St. Kling / Th. Moritz / W. Schlüter / W. Dix

New York

Auch für mich war New York in früher Jugend ein unschlagbarer Mythos. Doch als sich anfangs der 1990er Jahre die Grenzen öffneten, war damit für mich auch der Drang verschwunden, unbedingt solche Orte bereisen zu müssen. Falls es nun wirklich wichtig wäre, so würde sich die Gelegenheit zu solchen Reisen schon ergeben.

Im Falle New Yorks half ich dann 2001 doch ein wenig nach. Im Sommer 2000 tourten wir wieder einmal mit „Tapshot" auf dem Darß. Stepptänzer Sebastian Weber brachte seine Freundin Smruti Patel mit, und diese außergewöhnliche Tänzerin begleitete uns einige schöne Tage an der Ostseeküste. Es kam zu vielen anregenden Gesprächen, und ein Ergebnis davon war die Gründung des Trios „Sharda", bestehend aus Sebastian, Smruti und mir.

Schon im darauf folgenden Herbst trafen wir uns zu Proben in Düsseldorf, und im Anschluss gingen die ersten gemeinsamen Auftritte über die Bühne. Da Smruti jedoch ihren Hauptwohnsitz in New York hatte und dort als Mathe-Professorin an einem College arbeitete, waren Anfang 2001 nur schwer freie Probenzeiten in Europa zu finden. So entschlossen wir uns, für einige wichtige Konzerte eine Probenwoche in New York durchzuführen.

Anfang März machte ich mich auf meine erste Reise über den Atlantik. Es war ein kalter, noch winterlicher Tag, und auf dem Leipziger Flughafen musste unser Flugzeug erst einmal mit heißem Wasser enteist werden. Nach dem langen transatlantischen Flug gab es auch bei der Landung auf dem Kennedy-Airport Probleme mit dem winterlichen Wetter, und nachdem ich von meinen Freunden abgeholt worden war, saßen wir gemütlich in Smrutis Mansardenwohnung auf Long Island beisammen, während draußen der Schneesturm tobte.

Nun war ich also zum ersten Mal in der „Neuen Welt", und am kommenden Tag nutzte ich die Probenpause zu einem Spaziergang durch den Ortsteil West Babylon. Außer mir gab es zwischen den meist gepflegten Grundstücken keinen Fußgänger, und einige Autofahrer blickten mich durch die Scheiben ihrer Wagen ziemlich irritiert an. Offenbar ging man hier nur im Notfall zu Fuß, die allgemeine Motorisierung der Gesellschaft war dem alten Europa um einige Längen voraus.

Nachdem ich im nahe liegenden Park einige Erinnerungsstätten des amerikanischen Bürgerkriegs angeschaut hatte, machte ich mich noch auf die Suche nach der „Dix-Street", welche ich zu meinem großen Vergnügen auch bald fand. Keine große Straße, aber auf jeden Fall eine etwas, was Leipzig bisher noch fehlt.

In und um New York trifft man oft auf den Namen Dix, der sich auf Straßenschildern, in Namen von div. Instituten und Kliniken und natürlich auch auf mehreren Seiten des Telefonbuchs findet.

Namenspatronin Dorothea Dix war im 19.Jahrhundert eine landesweit bekannte Reformatorin des Psychiatriewesens, von deren Wohltaten jedes nordamerikanische Schulkind im Unterricht erfährt. Schmunzelnd machte ich mich auf den Rückweg, und am Nachmittag gab es noch eine vortreffliche Ausfahrt ans Meer.

Nach Abschluss unserer Proben machte ich mich auf den Weg nach Manhattan. Mein Kollege Jörg Krückel, welcher schon einige Jahre in New York wohnte, hatte mich angerufen und gefragt, ob ich denn bei einer kleinen „Löffelmugge" (jazzmusikalisches Gelegenheitsgeschäft vor essenden Menschen) als Trommler einspringen könne. Ein wenig amüsiert hatte ich schnell zugesagt.

So stieg ich also gerührt aus den Tiefen der U-Bahn ans Licht des Times Square, und im nahe gelegenen Central Park setzte ich mich erst einmal auf eine freie Bank. Im Hintergrund der weitläufigen Anlage ertönten leise Mozartklänge, und ich ergab mich dem reichlichen Fluss meiner Tränen. Dann machte ich mich auf nach Lower East Side, wo ich direkt gegenüber eines altbayerischen Eckrestaurants in Jörgs Wohnung nächtigen konnte.

Außer meiner Rahmentrommel hatte ich auf dieser Reise kein Instrument dabei, und glücklicherweise konnte ich mir noch Smrutis Bongos borgen.

So ausgerüstet mit zwei Handtrommeln absolvierte ich also meinen ersten Gig im „Big Apple". Unsere Spielstätte, ein kleines französisches Restaurant, erreichten wir per U-Bahn. Jörg hatte sich sein Wurlitzer-Piano auf ein kleines Rollwägelchen gebunden, und Dix hatte ja an seinen Handtrommeln nicht schwer zu tragen.

Die Band wurde vom Trompeter Manny Duran geleitet. Nach dem ersten Set ging er mit einem Sektkühler von Tisch zu Tisch und sammelte Geld ein. In den nächsten Pausen waren dann auch die anderen Kollegen als Sammler unterwegs. In Manhattan müssen sich die Musiker bei solchen Auftritten selbst um ihr Honorar kümmern, die Veranstalter stellen lediglich Strom, Bühne und Verpflegung. Weiterhin erfuhr Dix staunend, dass es für Jazzmusiker hier meist nur die Wahl zwischen Eier- und Hühnergerichten gibt. Mein Hunger war recht groß, und so verspeiste ich an diesem Abend ein ganzes gebratenes Huhn, welches mir den Rest des Abends ziemlich schwer im Magen lag. Der gesamte Raum roch außerdem sehr intensiv nach flambierten Speisen, und das erinnerte mich an einen regelmäßigen Gig, den ich Mitte der 80er Jahre in einem großen Leipziger Hotel hatte. Damals war unsere Verpflegung vielgestaltiger, und das garantierte Honorar war vergleichsweise etwas höher.

Doch hier war New York, und dieser Fakt war im Preis inbegriffen. Mir war ziemlich schlecht.

Den nächsten Tag nutzte ich u.a. zu einem Besuch des „Metropolitan Museum of Art". Der Weg dorthin führte mich wieder durch den Central Park, und direkt hinter dem Museum entdeckte Dix einen stattlichen Obelisken, der offenbar direkt aus Ägypten per Schiff nach Manhattan verbracht worden war. Da ich mich in jenem Jahr wieder einmal recht intensiv mit der alten orientalischen Kultur beschäftigte, nahm ich diese Entdeckung zum Anlass, mir ein Billet für die umfangreiche ägyptische Abteilung des „Met" zu kaufen. Sichtlich beeindruckt wandelte ich nun durch die hellen und großzügig gestalteten Ausstellungsräume und machte mir meine Gedanken über Zusammenhänge alter und neuer Metropolen. Plötzlich ergriff mich ein sonderbares Gefühl. Ich stand vor einer schlanken Vitrine, in welcher eigentlich nur ein Stück Stein zu sehen war. Offenbar ein Trümmerstück einer ehemals größeren Plastik, konnte man in dem Exponat das Abbild eines menschlichen Unterkiefers samt der darüber befindlichen Lippen erkennen. Doch mein Blick hing völlig gebannt an dieser Darstellung, und irgendwie verließ mich das übliche Zeitgefühl. Ich bin mir ganz sicher, das dies für mein Ermessen das großartigste und vollkommenste Kunstwerk war, das mir bis dahin auf meinen Reisen begegnet ist!!!

Eine rationale Erklärung dieses Phänomens fand Dix bisher nicht, und so lasse ich das einfach mal so stehen mit der Empfehlung, bei einem etwaigen New York-Besuch unbedingt dieses außergewöhnliche Museum mit einem Besuch zu beehren.

Am 11.März 2001 besichtige ich gemeinsam mit Jörg und seiner Freundin die Zwillingstürme des Welthandelszentrums, und anschließend machten wir noch einen ausgiebigen Rundgang durch den quirligen Stadtkern. Dies war der letzte Tag vor meinem Rückflug, und ursprünglich hatte Dix überhaupt keinen Bock auf die City. Im Nachhinein bin ich jedoch sehr froh, dass ich meinen Fuß noch einmal in diese, genau ein halbes Jahr später zu trauriger Berühmtheit gekommenen Bauwerke, setzen konnte.

New York erfüllte meine Erwartungen zu hundert Prozent. Dix fand diese Stadt in etwa so vor, wie er sie sich ausgemalt hatte, und trotz einiger Vorsätze war er bis zum Erscheinen dieses Buches noch nicht wieder dort.

Joe

„I love the wave drum! "

Kurz nach meiner Rückkehr aus New York erhielt ich Mitte April 2001 einen Anruf vom „Mitteldeutschen Rundfunk". Ein diensthabender Musikredakteur war am Apparat, und nach einigen allgemeinen Floskeln kam er gleich zur Sache: Für ein Konzert des MDR-Sinfonieorchesters werde dringend ein jazzerprobter Perkussionist mit Orchestererfahrung gesucht. Und nun nannte er mir auch noch den Namen des Komponisten, der mit seiner Band direkt an der Aufführung beteiligt sein würde: Josef Erich Zawinul, mit Künstlernamen Joe.

Wenn ich den Anruf nicht ohnehin am Schreibtisch sitzend entgegengenommen hätte – spätestens nach dieser Mitteilung hätte ich mich erst mal hinsetzen müssen.

Joe, wie Wolfgang ein Idol meiner Jugendzeit, ein echter Weltstar, gastiert wieder mal in Leipzig, und Dix soll trommelnder weise dabei sein?! So richtig geheuer kam mir dieses Angebot nicht vor. So gab ich mich am Telefon also erst mal recht unbeeindruckt und erkundigte mich nach den technischen und organisatorischen Details der Sache. Die Proben also im Gewandhaus, ja, dann und dann, Vorabsprache mit dem Komponisten und dem Dirigenten im „Hotel du Saxe", und mit den Honorierungsmöglichkeiten sei man leider etwas begrenzt – ob ich denn diesbezüglich schon konkrete Vorstellungen hätte?

Nun überkam mich so etwas wie Geistesgegenwart, und quasi als Test nannte ich eine Summe, die fast meinem damaligen Monatseinkommen entsprach. Ja, meinte der Herr am anderen Ende der Leitung, dies sei im Rahmen des Möglichen, man werde meine Daten in die Buchhaltung der „Anstalt öffentlichen Rechts" weiterleiten, und der Vertrag würde mir dann so schnell wie möglich zugesandt.

Nach Ende dieses Gesprächs tat ich das einzig Richtige: ich stellte mich in die Mitte des Wohnzimmers, atmete tief ein und entließ die angesammelte Luft dann in einem lauten, archaischen Gebrüll. Danach kam mir die Idee, dass dies ja möglicherweise eine ganz folgerichtige Entwicklung sein könnte, denn soeben hatte ich ja die Stadt meiner Jugendträume New York ganz persönlich kennen lernen dürfen – warum denn eigentlich nicht im Anschluss ein Konzert mit Joe Zawinul? Vielleicht ginge das ja jetzt immer so weiter? Diese Option verschlug mir natürlich gleich wieder ein wenig den Atem, und so langsam kam ich wieder auf den oft gelobten Boden der Tatsachen zurück.

Kern des 7.Rundfunkkonzertes sollte Joes sinfonisch angelegte Komposition „Stories of the Danube" sein, ein Werk, welches mir bisher noch unbekannt war.

Nach Recherchen im Internet bestellte ich mir die dazu gehörige CD, welche schon am nächsten Tag in meinem Briefkasten lag. Bei dieser Aufnahme spielte ein armenischer Kollege Perkussion, hauptsächlich Congas! Das konnte für mich zum Problem werden, denn zum einen besaß ich keine Congas, und zum anderen waren dies die Perkussionsinstrumente, deren Spiel mich aus irgendeinem Grunde stets am wenigsten interessiert hatte. Bongos kamen ebenfalls vor, und das war für mich sehr erfreulich, da diese zu jener Zeit zu meinen favoritisierten Instrumenten gehörten. Ich entschloss mich also, die Proben erst mal auf mich zukommen zu lassen, und bereitete mich mit Hilfe der Aufnahmen in aller Ruhe darauf vor.

Am besagten Tag der Vorabsprache schlich Dix schon Minuten vor dem Termin um das „Hotel de Saxe" in Leipzig-Gohlis herum. Den Laden kannte ich ganz gut, denn mein ehemaliger Vermieter hatte mich seinerzeit für eine reichliche Woche hier mit den wichtigsten Möbel einquartiert, als wegen eines Wasserrohrbruchs eine umfangreiche Reparatur meiner damaligen Wohnung anstand. Überpünktlich nahm ich schließlich am Tisch neben der Rezeption Platz, und zuerst erschien der Dirigent Peter Hirsch. Wenig später kam dann Joe in Begleitung einer freundlich-resoluten Dame, die sich als seine Managerin vorstellte. Das Gespräch verlief auf Deutsch, und so hörte ich zum ersten Mal den sympathischen bajuwarischen Dialekt des als Amerikaner berühmt gewordenen Pianisten.

Nach einer Weile fasste ich mir dann ein Herz, und nachdem ich nochmals betont hatte, wie geehrt ich mich durch eine solche Einladung fühlte, gab ich zu, zwar Trommler und Perkussionist, jedoch leider kein Congaciero zu sein. Doch noch ehe sich hieraus Unstimmigkeiten entwickeln konnten, warf ich ein, dass es mir jedoch durchaus möglich wäre, die entsprechenden Parts auf meiner Wavedrum zu interpretieren. Zawinul, dessen Stirn unter der obligaten afrikanischen Mütze sich am Beginn meiner Ausführungen etwas umwölkt hatte, blickte mich nun sehr freundlich an und äußerte: „I love the wave drum!" Dann, wieder deutsch, erzählte er, dass er als Korg-Endorser selbst solch ein Instrument daheim habe und sehr gern darauf herumtrommeln würde. Der Bann war gebrochen, das Problem gegenstandslos – große Erleichterung!

Während der Proben im Großen Saal des Leipziger Gewandhauses lernte ich auch die weiteren Kollegen des „Zawinul-Syndicate" kennen.

Burhan Özal, einer der Sänger des Konzerts, überraschte mich gleich mehrfach. Nachdem er mitbekommen hatte, dass ich zu den hiesigen Eingeborenen gehöre, fragte er mich beim Mittagsmahl in der Gewandhauskantine sogleich, wo man denn in Leipzig Markenklamotten von „Gucci" etc. zu kaufen bekäme – möglichst preiswert natürlich. Diese Frage traf mich recht unvorbereitet, und entsprechend vage fiel auch meine Antwort aus, da ich mich mit dieser

Problematik zugegebenermaßen noch nicht beschäftigt hatte. Später dann in der Garderobe holte ich meine mittels einer Luftpumpe stimmbare Rahmentrommel aus der Hülle, vielleicht, um vor diesen Kollegen noch ein bisschen damit anzugeben, was der Dix sonst noch so alles in petto habe. Das ging ziemlich schief, denn Burhan, der in der Band als Sänger und Udspieler fungierte, erbat sich mit charmanten Lächeln meine Trommel, und sofort vollführten seine Hände darauf einen fast diabolischen Tanz, welcher mich kleinen Angeber recht sanft wieder auf den Boden der Tatsachen zurückbrachte. Es ist schon ein gewaltiger Unterschied, mit einem Instrument in der entsprechenden Kultur aufzuwachsen oder sich dieses aus ganz anderer Orts – und Zeitperspektive mehr oder weniger mühsam „draufzudrücken". Auf alle Fälle bekam ich durch diese kleine Garderoben-Performance wieder Stoff zum Nachdenken und natürlich gleichzeitig auch einen neuen Übungsanreiz.

Schon seit einiger Zeit war mir die Musik von Amitava Chatterjee bekannt, und es war mir eine große Freude, ihn während dieser gemeinsamen Arbeit ein wenig kennen zu lernen. Er lebte damals seit kurzem in Prag, die Liebe zu einer jungen Tschechin hatte ihn dorthin geführt. Leider ist der Email- Kontakt zwischen uns bald wieder abgebrochen. Einige Male war ich kurz davor, ihn in Prag zu besuchen, doch dann kam immer wieder etwas dazwischen, und die meiste Zeit war er ja damals ohnehin mit Joe auf Welttournee.

Manolo Badrena, der Hausperkussionist der Band, war nicht mit angereist. Doch genau diesem Umstand hatte ich das Glück meiner Mitwirkung bei diesem Projekt zu verdanken, und so hielt sich mein Bedauern über die nicht stattgefundene Begegnung nachvollziehbar in Grenzen.

Den Job am Drumset hatte Walter Grassmann aus Wien übernommen. Er war fast ebenso kurzfristig wie Dix in dieses Projekt gekommen, da der eigentliche Trommler des Syndicate, Paco Sera, ebenfalls nicht mit nach Leipzig gekommen war. Die weltberühmte Band spielte also im Leipziger Gewandhaus gleich mit zwei mitteleuropäischen Aushilfsdrummern auf.

Doch es funktionierte!

Nach der Aufführung traf ich noch auf meinen Hallenser Kollegen Ralf Schneider. Der war von der ganzen Veranstaltung fast noch ergriffener als ich selber und erklärte mir wiederholt, er sei unheimlich stolz auf mich - ich hätte das Ansehen der Region würdig vertreten.

Anschließend gab es einen Empfang des Programmchefs des MDR im Renaissance-Hotel, bei welchem ich mit zweien meiner Freunde ebenfalls aufkreuzte.

Gern hätte ich mich noch mit meinen temporären Bandkollegen ausgetauscht, doch die Regie der Feier sah nur einen einzigen Tisch für die Gäste, das

Management und die Offiziellen vor. Leider gab es keinerlei Möglichkeit, der üppig gedeckten Tafel noch einen Platz für den Leipziger Aushilfsperkussionisten hinzuzufügen, und so schaute ich mir das Gelage vom Nachbartisch aus an und fuhr dann recht bald nach Hause. Bitterer Ausklang eines sonst wundervollen Tages, an welchen ich mich manchmal mit etwas mit gemischten Gefühlen erinnere.

Dix an der Wavedrum

A night in Tunesia

Schon vor einigen Jahren hatte ich mir Gedanken darüber gemacht, wie ich denn mit meiner Wavedrum per Flugzeug reisen könne. Als Sicherheit hatte ich mir ohnehin ein zweites Exemplar zugelegt, denn bei solch einem seltenen Teil macht eine Instrumentenversicherung wenig Sinn. Bei Verlust oder Zerstörung wäre eine Wiederbeschaffung nur schwer möglich, und deshalb liegt eine Zweit-Wavedrum in meinem Regal und wird von Zeit zu Zeit mal abgestaubt.

2002 kam also die erwartete Gelegenheit. Das Goetheinstitut ermöglichte dem „Neuen Leipziger Jazz Trio" ein Gastspiel auf dem „Jazzfest Tabarka" in Tunesien. Wir hatten vor einigen Monaten unsere erste gemeinsame CD veröffentlicht, die durchweg gute Resonanz fand: ein ziemlich minimalistisches Konzept, welches Sabine Helmbolds Stimme in ein transparentes Geflecht von Bass und Perkussion einbettete. Gründer und Initiator der Band war Thomas Stahr, einer der wenigen Bassvirtuosen, der sowohl im Bereich der Klassik als auch im Jazz Kompetenz beweist.

Sabine war gerade Mutter geworden und nahm ihren Sohn Jakob mit auf die Reise. Die Wavedrum hatte ich in eine stabile Hartfaserkiste gepackt, welche nun die eine Hälfte meines großen Reisekoffers ausfüllte. Für Dinge des täglichen Bedarfs war da nicht mehr viel

Platz, doch unsere Reise sollte ja auch nur drei Tage dauern. Mit dem Mietwagen ging es nach Frankfurt, und von dort flogen wir direkt nach Tunis, wo wir am Flughafen von freundlichen Mitarbeitern der dortigen Konzertagentur in Empfang genommen wurden. Die folgende Autofahrt nach Tabarka gab uns schon ein paar markante Einblicke in das Alltagsleben eines nordafrikanischen Landes. Größere Straßenkreuzungen waren von bewaffneten Sicherheitskräften überwacht, und in den von uns durchfahrenen Dörfern hingen vor vielen Häusern Teile geschlachteter Tiere. Offenbar ein Verkaufsangebot, waren diese Fleischstücke Dreck, Hitze und Abgasen ungeschützt ausgesetzt.

Die Unterkunft in einem Hotel am Strand des Mittelmeers ließ nichts zu wünschen übrig. Am Morgen unseres Auftrittstages ließ Dix es sich nicht nehmen, allein einen Spaziergang durch die Altstadt von Tabarka zu unternehmen. Dabei musste ich lernen, mich den sprichwörtlichen Überredungskünsten orientalischer Teppichhändler zu erwehren, die in einem kleinen wohlgefüllten Laden einen Berg Teppiche vor dem staunenden Touristen aufgetürmt hatten. Auch der landesübliche Tee war natürlich inklusive, aber am Ende stahl sich der Besucher aus dem Norden doch davon, ohne etwas erworben zu haben.

Die Festivalkonzerte fanden in den erhaltenen Resten eines antiken Amphitheaters statt. Wir wurden vom zahlreich anwesenden und recht jungen Publikum fröhlich gefeiert. Natürlich merkten wir auch, dass unser recht minimalistisches Konzept auf solch einer großen Bühne schwer rüberzubringen war. Nach uns räumte Erika Stucky mit zwei Alphorn blasenden Posaunisten noch so richtig ab.

Meine Wavedrum hatte ihre erste transkontinentale Bewährungsprobe bestanden, und das „Neue Leipziger Jazz Trio" war um eine Erfahrung reicher. Auch der kleine Jakob Stahr war so zur ersten großen Reise seines Erdenlebens gekommen, und zufrieden machten wir uns am nächsten Tag auf den Heimflug.

Zollbrücke

Versteckte Klänge am Rand

Tobias Morgenstern kenne ich schon sehr lange. In den 1980er Jahren verfolgte ich mit großem Interesse die Entwicklung seiner Gruppe „L'art de Passage", und in der Stadthalle Karl-Marx-Stadt hatte ich auch einmal das Vergnügen, bei einem Programm der Band am Schlagzeug auszuhelfen.

Vor einigen Jahren trafen wir uns dann nach längerer Pause anlässlich eines Auftritts des „LeipJAZZig-Orkesters" in Klingenthal wieder, wo Tobias in der Jury des dortigen Akkordeon-Wettbewerbs saß und in dieser Funktion gleich noch ein Beispielkonzert mit unserem Klangkörper ablieferte. Stephan König hatte zu diesem Zweck einige Tango-Klassiker in aktuelle Arrangements gefasst, und das vogtländische Publikum nebst internationalen Gästen bejubelte unsere gemeinsame Darbietung.

Zu jener Zeit verstand ich mich in erster Linie als Perkussionist und erforschte u.a. fleißig die Klangmöglichkeiten der Wavedrum. Nach dem Klingenthal-Auftritt kam ich mit Tobias in ein längeres angeregtes Gespräch, und da auch er von meinem Instrumentarium angetan war, verabredeten wir die Gründung eines Duos mit Akkordeon und Perkussion.

Unser erster gemeinsamer Auftritt fand auf meiner Lieblingsinsel Hiddensee statt und hatte schon aus diesem Grund für mich einen hohen Symbolwert. Seit meiner Kindheit verbrachte ich auf diesem Eiland fast jährlich einige Tage, und noch heut ist Hiddensee für mich ein magischer Ort.

Bevor es hier zu einer kleinen Probe kommen konnte, musste erst einmal das Instrumentarium per Fähre auf die autofreie Insel gebracht werden. Das schränkte natürlich von vornherein den materiellen Aufwand ziemlich ein, und so beschränkte ich mich auf Bongos, Rahmentrommel und Kleinperkussion. Tobias brachte Akkordeon und seine Darabukka mit, und so ausgestattet machten wir uns in Karl Hucks „Seebühne" auf eine vorwiegend improvisierte Reise durch das Reich unserer musikalischen Erfahrungen. Ohne elektrische Verstärkung, nur mit der Akustik des vorgefundenen Raumes auf kongeniale Art und Weise spielend, fanden sich unsere Instrumente über den Weg des respektvollen Gebens und Nehmens in den mannigfaltigsten melodisch - rhythmischen Zusammenklängen wieder, trennten sich dann und machten so - in ständiger Entwicklung begriffen - aus dem Kreis eine Spirale.

Unser Spiel harmonisierte ausgezeichnet, und begeistert beschlossen wir, auch fürderhin in dieser Kleinstbesetzung zusammenzuarbeiten!

Angeregt durch die Schönheit und Magie unseres Premierenortes gaben wir unserer Unternehmung den Namen „Hidden Sounds"...

Nur folgerichtig trafen wir uns seitdem auch wiederholt im „Theater am Rand". Dieses Privattheater entstand auf Initiative von Tobias Morgenstern und Thomas Rühmann in Zollbrücke, einem kleinen Dorf am Rand des Oderbruchs. Am Anfang fanden die Vorstellungen in der erweiterten Wohnstube des Morgenstern'schen Anwesens statt, und dadurch war die Zuschauerzahl automatisch auf ca. 50 Gäste begrenzt. Noch gern erinnere ich mich an diese Konzerte im kleinen Kreis, die auch durch diese natürliche Begrenzung stets einen Hauch von Exklusivität hatten.

Mit den Jahren kamen dann sommerliche Freilichtveranstaltungen hinzu, und durch eine sehr intelligente Programmpolitik zogen Almut, Tobias und Thomas nicht nur auswärtige Kulturinteressierte an die Oder, sondern verankerten ihr Theater auch erfolgreich im Bewusstsein der Oderbruchbewohner. Diese hatten nun „ihr Theater", in welchem auch mal TV-Stars wie Ursula Karusseit oder Thomas Rühmann hautnah zu erleben waren, allerdings in ganz anderen künstlerischen Zusammenhängen als bisher gewohnt.

Der Erfolg des „Theaters am Rand" führte dann folgerichtig zu seiner Erweiterung. Der Neubau wurde von Tobias selbst entworfen.

Im größtenteils durchgehaltenen Verzicht auf rechte Winkel folgt der Bau einer architektonischen Konzeption, die von einem der großen geistigen Anreger des vergangenen Jahrhunderts ins Spiel gebracht wurde. So hatte Dix also in den vergangenen Jahren mehrmals das Gefühl, in einem kleinen Dornach am Ufer der Oder aufzutreten.

Und das tat ich immer wieder sehr gern, gestaltete auf meine Art u.a. mehrfach das mittlerweile schon zur lokalen Tradition gewordene Ostertrommeln aktiv mit, gastierte u.a. mit „New Version", dem „LeipJAZZig-Orkester", „Tapshot", den „Smart Metal Hornets" und war auch schon mal Mitwirkender einiger wegweisender Eigenproduktionen des Hauses.

Im Zollbrücker Wohnhaus von Tobias gibt es auch ein Tonstudio. In diesen Räumlichkeiten nahmen wir gemeinsam die von mir selbst komponierte Musik zur Begleit-CD eines Sprachlehrbuchs von A. Buscha und G. Linthout auf, und auch die ersten Proben des „Hidden Sounds" - Folgeprojekts „Frau Böwe und Herr Morgenstern" fanden hier statt.

Für mich basiert die Zusammenarbeit mit Tobias auf der Fähigkeit des intuitiven gegenseitigen Verstehens und Begreifens.

Wie seinerzeit im Zusammenspiel mit dem vortrefflichen Pianisten und Keyboarder Stephan König ist es auch bei „Hidden Sounds" möglich, die Improvisationen im Duo oder auch innerhalb größerer Formationen perfekt aufeinander abzustimmen, obwohl unsere künstlerischen Biographien eher selten Übereinstimmungen aufweisen. Auch wenn man sich ein Jahr lang nicht traf, kommt man auf der Bühne gut zusammen und hat meist keinerlei Verständigungsprobleme. Diesen erstrebenswerten Zustand genieße ich stets von Neuem!

Während meiner zahlreichen Aufenthalte „am Rand" versuchte ich immer wieder, etwas mehr Zeit mitzubringen, um Gelegenheit zu einer Wanderung auf dem Oderdeich oder durch die Wiesen der Umgebung zu finden. Das gelang mir auch zumeist, und der Wanderbursche in mir kam dabei stets ausgiebig auf seine Kosten. Die Zollbrücke, die dem Ort ihren Namen gab, existiert schon lange nicht mehr, aber wer einen kleinen Umweg in Kauf nimmt, kann auf der anderen Seite des Flusses eine weitgehend natur belassene Waldlandschaft erforschen, die von verträumten Ortschaften durchsetzt ist.

Ende der 1990er Jahre wurden die steigenden Wasser der Oder zu einer Gefahr für die Anwohner, und der Deich gab an mehreren Stellen den Naturgewalten nach.

In Zollbrücke kam es erfreulicherweise zu keinen größeren Schäden, und in der Folge wurde viel Geld und Mühe investiert, um den notwendigen Hochwasserschutz zu vervollkommnen.

So kann man also davon ausgehen, dass uns das einmalige „Theater am Rand" noch viele wundervolle Spielzeiten erhalten bleibt, und es ist für Dix stets von neuem ein großes Vergnügen, dort tätig zu sein!

Das „Theater am Rand" im bitterkalten Februar 2010

Nina

Am Vormittag meines 47. Geburtstages bestieg ich die Regionalbahn in Bad Doberan, wo wir mit dem „Ensemble Creativ" an der „Zappanale" teilgenommen hatten. Gegen Mittag erreichte ich nach Umstieg in Rostock den Hamburger Hauptbahnhof. Bepackt mit Kleidersack und Beckentasche fand ich bald ein Taxi, das mich zur „Kampnagel-Fabrik" brachte.

Die Kollegen der „Leipzig BigBand" waren bereits angereist, und nach schnellem Aufbau stand dem Soundcheck nichts mehr im Wege. Doch zuerst spielte die Band mir ein Geburtstagständchen. Das hatte ich nicht erwartet, und ich war ziemlich gerührt. Doch dann ging es wie gewohnt an die Arbeit, und wir probten noch einige Stücke, natürlich wie – schon so oft - ohne unseren Star. Nina kam bei diesen Konzerten meist kurz vor Auftrittsbeginn, und was sie dann unvorbereitet leistete, war meist sehr beachtlich. Eine Art von Professionalität, die ich so noch nicht erlebt hatte.

Wie war ich eigentlich zu diesem Unternehmen gekommen? An einem Frühlingstag des Jahres 2003 rief mich Frank Nowicky, der Leiter der „Leipzig BigBand", an und fragte mich, ob ich denn für die neueste Produktion seiner Band im Studio die Bongos einspielen könne. Er hatte mich vorher u.a. mit Joe Zawinul im Gewandhaus erlebt und mochte offenbar meine Art, Perkussion zu spielen. Und welche

Sängerin? Nina Hagen. Nina Hagen?!! Sofort kam mir die Erinnerung an frühe Leipziger Tage: Es gab da in den 1970er Jahren mal ein Popkonzert in der Leipzig Information am Sachsenplatz…

Nina hatte durch ihre extravagante Art zu jener Zeit schon eine gewisse Popularität erreicht, und so machte auch Dix - damals ein überzeugter Freejazzer - sich auf, um dieses Konzert des viel gerühmten und geschmähten neuen Paradiesvögelchens der DDR-Musikszene anzusehen- und zu hören.

Vor Beginn lief ich noch ein wenig an der Bühne rum, um die mir bekannten Musikerkollegen der Band „Automobil" zu begrüßen. Da kam auch die Sängerin des Abends an die Rampe. Sie kaute an einer Brotrinde, schaute mich mit ihren großen Augen an und war beeindruckt von meinem damals wallenden langen Haupthaar. Auch ich war auf diesen „satten Kanten" sehr stolz, und so ergab sich auf Basis dieser Äußerlichkeiten ein erstes und für 30 Jahre auch vorläufig letztes Gespräch zwischen uns. An das folgende Konzert kann ich mich nicht mehr genau erinnern.

Nun traf ich sie also wieder, hier in Leipzig, in einem Tonstudio, welches der Sohn meines verstorbenen Freundes Bernd Herchenbach in der Dachetage einer alten Klavierfabrik eingerichtet hatte. Die meisten Aufnahmespuren des Bigbandarrangements waren schon gefüllt, und sobald die Sängerin eingetroffen war, begannen wir gemeinsam damit, die Einleitung des Titels „Fever" aufzunehmen. Das war unproblematisch, und den Rest des Stückes trommelte ich dann zügig unter Kopfhörern zur bereits vorliegenden Aufnahme ein. Nina war noch dageblieben, und so ging ich in der Pause zu ihr hinüber und fragte sie, ob sie sich denn noch an den langhaarigen Leipziger Teenager vor 30 Jahren erinnern könne. Offenbar gelang ihr das nicht so recht, und wir unterhielten uns dann noch ein Weilchen über andere Dinge. Zum Abschluss hinterließ ich ihr ein Exemplar meiner ersten Solo-CD mit der Bitte um ihre Meinung zu meiner Musik.

Die Scheibe kam dann auf den Markt, und Nina begann mit uns eine gemeinsame Tour durch vorwiegend teutsche Lande. Für mich war dies einer der Gründe, bei dieser Kapelle als Trommler anzuheuern, denn diese Erfahrung reizte mich sehr!

Die Tournee begann mit den üblichen Playback-Einsätzen im Fernsehen, und das fand ich noch recht amüsant. Nach einem Auftritt beim ZDF in Mainz suchte ich noch mal das Gespräch mit der Diva. Ich hatte ihr einige Tage zuvor den Konzertmitschnitt eines Zappaprojektes zukommen lassen, bei welchem ich trommelte und für das wir uns die Nina als Sängerin gut vorstellen konnten. Vor Jahren hatte sie ja schon mal so etwas Ähnliches gemacht, und Fragen kostet ja (erst mal) nix.

In ihrer Garderobe empfing sie mich dann nach der Show auch ganz freundlich, und nachdem ich sie nach ihrer Meinung zu unseren Aufnahmen gefragt hatte, nahm sie mit strahlendem Lächeln eine ihrer Autogrammkarten und versah die Rückseite mit dem Schriftzug ihrer Unterschrift – nebst freundlichen Grüßen etc. Möglicherweise war dies die Antwort auf meine Frage? Seltsam berührt verließ ich ihre Garderobe und machte Platz für die nun hereindrängenden Fans.

Nachdem wir erfolgreich durch Quizsendungen und Talkshows getingelt waren, nahte dann auch unser erster echter Live-Einsatz. Das erste richtige gemeinsame Konzert war gleich ganz großer Bahnhof: Jazzfest Burghausen. Da würde es sich doch mal wieder richtig lohnen, intensiv zusammen zu proben! Auch Nina war dieser Meinung. Doch die Band traf sich in der Folge ohne die Solistin, die sich stets sehr kurzfristig zu entschuldigen verstand. So bestiegen wir am Tag des Festivalkonzerts in Leipzig unseren Bus, fuhren nach Burghausen, bauten dort auf und freuten uns auf die letzte ultimative Probenmöglichkeit mit unserer berühmten Solistin, doch auch hier: Fehlanzeige! Nina kam nicht, war irgendwie verhindert. So startete also unser erstes gemeinsames Konzert quasi ungeprobt, und entgegen meiner sonstigen Gewohnheiten war ich entsetzlich aufgeregt. Den meisten Bandkollegen ging es nicht anders. Der Bayrische Rundfunk machte einen TV-Mitschnitt, welcher in der Folge oft ausgestrahlt wurde.

Wir alle machten unseren Job erstaunlich gut, und nach all den Jahren kann ich auf dem mir vorliegenden Video kaum noch die wenigen Pannen und Gurken ausmachen, welche logischerweise unser Konzert begleiteten.

Die Tour mit Nina führte uns in viele größere Hallen, und es war stets wieder faszinierend für mich zu spüren, welch immenser Energieaustausch zwischen einer Band und tausenden von Zuhörern abgeht. Nun war mir auch klar, warum dies für viele Stars der Showbranche zur echten Abhängigkeit werden kann, und warum auch berühmte Künstler, die in die Jahre gekommen sind und materiell längst nicht mehr von Auftritten abhängig sind, doch immer noch über die großen Bühnen dieser Welt touren.

Nachdem wir am 3.Oktober 2004 den deutschen Bundeskanzler, den türkischen Präsidenten und deren Gefolge im „Berliner Konzerthaus am Gendarmenmarkt" mit unserer Darbietung beglückten und das Projekt dann ohne meine Teilnahme auch noch auf dem „Jazzfest Montreux" recht gut ankam, war die heiße Phase beendet. Nina suchte sich in Folge eine andere Begleitband, die ihren damals außerordentlich nostalgischen Ambitionen besser entsprach, und Dix zog sich ganz allmählich aus dem Bigbandgeschäft zurück.

Wolfram Dix hinter Nina Hagen

Nigel

Oft sah ich mich während meines Trommlerlebens mit völlig unerwarteten Tatsachen konfrontiert. So geschah es auch 2005, als mich Stephan König dazu einlud, zusammen mit Nigel Kennedy, Thomas Stahr und Reiko Brockelt ein Konzert im Berliner Club „Quasimodo" zu geben.

Nigel hatte zu jener Zeit schon eine Weile den Spaß an lautstarken, elektrisch verstärkten Improvisationsausflügen für sich entdeckt. Zusammen mit polnischen Kollegen gab es auch schon eine feste Gruppierung, welche bereits einige wichtige Jazzfestivals aufgemischt hatte. Dass nun eine Kooperation mit Leipziger Musikern ins Haus stand, lag an der Initiative des Clubs „naTo". Dort war nach der Berliner Premiere auch noch ein zweites Konzert geplant.

In Berlin absolvierte Nigel sein klassisches Konzert in der Philharmonie, während wir im „Quasimodo" unsere Instrumente aufbauten und dann mit einem gewissen Lampenfieber auf das Eintreffen des weltberühmten Geigers warteten. Gegen Mitternacht tauchte Nigel dann auf, begleitet von einem Schwarm polnisch und englisch sprechender Menschen. Er begrüßte uns Faust-an-Faust, zündete sich erst mal ein beeindruckend großes Räucherutensil an und füllte unsere Garderobe mit süßlich-aromatischen Schwaden. Nachdem wir in etwa die Setlist des ersten Teils durchgesprochen hatten, kreiste noch eine große Wodkaflasche, und dann ging es auch schon hinaus auf die Bühne – ohne jegliche Probe. Das kannte ich ja nun schon von Nina, und dementsprechend gelassen ließ ich die Dinge auf mich zukommen.

Das erste Set währte von 00:30 Uhr bis 01:30 Uhr, und das zahlreich erschienene Berliner Publikum tobte schon jetzt wie bei einem Rockkonzert. Teilweise war dies auf unser Repertoire zurückzuführen, denn neben Jazzstandards fiedelte sich unser Stargeiger auch lautstark und flink durch Stücke von Jimi Hendrix und ähnlich fossilen Rockgrößen. Bei diesen ungeprobten Ausflügen durch teilweise unbekanntes Repertoire ohne jegliche Noten kam uns als Band Stephans absolutes Gehör und seine hohe Professionalität sehr zugute!

Hinter sich eine riesige Marshallbox, war Nigel auch optisch eine Attraktion für die Leute. Es ist geradezu unglaublich, wie laut sich eine Elektrogeige in Gehörgänge hineinsägen kann! Dix war heilfroh, seitlich des Podiums zu sitzen und so nicht die volle akustische Breitseite abzubekommen.

Nach der Pause, in welcher sich Nigel wieder mit einigen Muntermachern auftankte, währte das zweite Set dann 02:00 Uhr bis 05:00 Uhr.

Ohne Pause überschütteten wir im Sog unseres verrückten Solisten das „Quasimodo" mit einer dichten Abfolge weitschweifiger Improvisationen, und mehr und mehr verfielen erst wir und dann auch das Publikum in eine Art Trance. Viele Besucher schwangen nun auch enthemmt das Tanzbein. Der Rauch mit dem etwas süßlichen Aroma waberte durch den gesamten Raum, auch Nichtraucher bekamen genug davon ab. Eine wilde Reise durch eine Berliner Frühlingsnacht!

Im Licht des neuen Tages trug ich mein Schlagzeug zum Auto. Das mir vom Veranstalter bereitgestellte Hotelzimmer konnte ich nicht mehr nutzen, denn schon 10:00 Uhr begann für mich ein Studiotermin in Leipzig. So machte ich mich – immer noch leicht schwebend – auf den Weg nach Sachsen – die strahlende Morgensonne im Rücken.

Auch beim zweiten gemeinsamen Konzert in der „naTo" gab es eine furiose Nachtschicht. Dann war diese Zusammenarbeit beendet, und meine Wehmut darüber hielt sich in überschaubaren Grenzen.

Dromml & Pläsch

Manche Dinge durchziehen ein ganzes Leben als immer wieder auftauchendes Symbol. Bei mir ist das neben anderen Sachen die ständige Verbindung von Blechblasinstrumenten und Schlagwerk. Wie schon erwähnt, begann ich meine musikalische Reise als kleiner Trompeter, geraume Zeit vor der Entdeckung des alten Schlagzeugs auf dem heimischen Dachboden. Während meiner Ausbildung an der Wurzener Musikschule durfte ich im dort angesiedelten Blasorchester nicht etwa trommeln, sondern spielte das 1.Tenorhorn, damals noch ein Leihinstrument.

In der „Kaputtspielzeit" der 1970er und 1980er Jahre besaß ich dann ein eigenes Tenorhorn, welches ich auch öffentlich einsetzte. Bei einem Konzert in der Dresdener „Tonne" wurde mir dieses nicht all zu hochwertige Instrument gestohlen. Daraufhin verschaffte ich mir eine Ventilposaune, die ich zum Dixophon umbaute.

Mit meinem Freund Frieder W. Bergner gründete ich 1978 ein improvisierendes Duo, bei dessen seltenen Konzerten dem Publikum neben unserem größten Hit „Das ist ja zum Kotzen!" auch diverse Battles zwischen professionell geblasener Zug- und begeistert daingeschlaatzter Ventilposaune zugemutet wurden. Die Resonanz hielt sich in überschaubaren Grenzen.

In der von mir mitbegründeten „Hannes Zerbe – Blechband", bei welcher auch Frieder dabei war, wagte ich es dann nicht mehr, neben der Trommelei auch noch ins Horn zu stoßen. Andere Kollegen hatten keine derartige Scheu – so spielte der Wuppertaler Bassist Peter Kowald in dieser Band begeistert Tuba, ohne sich groß um die rings um ihn musizierende Blechbläserprominenz aus Berliner Sinfonieorchestern zu scheren.

1980 kam mir die Idee, meine alte Ventilposaune zu einem neuen Blasinstrument umzubauen, mit welchem es möglich war, gleichzeitig verschiedene Töne in einem 360°-Panorama zu erzeugen. In einem Haushaltwarengeschäft besorgte ich mir zu diesem Zweck einige Meter Gartenschlauch und mehrere Plastiktrichter. Nun entfernte ich von dreien der Ventile die Stimmzüge und verlängerte die Rohre, aus welchen die Luft austrat mit Hilfe der Schlauchstücke. Diese bekamen dann am anderen Ende jeweils einen der Trichter als Abschluss, und fertig war das von mir so getaufte Dixophon, mit welchem ich im ostdeutschen Jazz-Mekka Peitz die Aufmerksamkeit von Publikum und Fachkritik gleichermaßen auf mich zog.

Bald nach der Währungsunion, Anfang der 1990er Jahre, kaufte ich mir ein richtig edles Tenorhorn mit robustem Futteral, welches dann viele Jahre lang auf heimischen Schränken auf seinen Einsatz wartete und gegenwärtig von meinem Neffen in Zella-Mehlis als Dauerleihgabe genutzt wird.

Viele Jahre beschränkte sich daraufhin mein Kontakt zum Blechgebläse auf die Mitarbeit in Bigbands sowie verschiedenen Spezialbesetzungen. Doch die vorläufige Krönung der Symbiose von „Dromml & Pläsch" kam dann 2005 auf mich zu und beschäftigt mich seitdem durchaus ausreichend.

1992 gründeten drei Leipziger Posaunisten und ein Schlagzeuger das Ensemble „Percussion & Posaune", und nach einigen Aushilfen, die ich dort spielte, fügte es ein wohlwollendes Schicksal, dass Dix festes Bandmitglied wurde. Die Tour mit dieser ambitionierten Truppe führte mich seitdem durch unzählige Kirchen des näheren und weiteren Umlandes, und im Programmkonzept lassen sich meine solistischen Ambitionen sehr gut mit einem kultivierten Zusammenspiel alter und neuer Musik verbinden.

Percussion - Posaune 2008

So wirke ich also in einer Mini-Blechkapelle als Trommler, umgeben von goldglänzenden Röhren, die mir schon lange wohl bekannt sind. Irgendwie ist das ein Gefühl des Angekommenseins

Tricktrommler

Der berufliche Alltag des sächsischen Trommlers ist vielfältig und entbehrt manchmal durchaus nicht einer gewissen Komik. So wurde ich 2004 zum ersten Mal zur Mitwirkung bei einer großen „Volksmusik"-Sendung des „Mitteldeutschen Rundfunks" verpflichtet. Die Vertragsverhandlungen führte ich am Telefon, und nachdem ich mit einiger Anstrengung ein Mindesthonorar ausgehandelt hatte, fuhr ich ein paar Tage später nach Chemnitz, wo in der Stadthalle die Produktion der Sendung bereits in vollem Gange war.

Nach Anmeldung im Hotel besuchte ich zuerst einmal das Büro des Produktionsleiters, um meinen Vertrag zu unterschreiben. Schon bei den vorhergehenden Telefonaten hatte mich die mir in dieser Show zugedachte Rolle ziemlich zum Schmunzeln gebracht, und nun konnte ich im Schriftsatz des Vertrags auch die exakte Bezeichnung dafür lesen: „Tricktrommler". Zu Beginn meiner Ausbildung wurde dieser Begriff von manchem Musiker mit Ehrfurcht gebraucht, beschrieb er doch einen technisch äußerst ausgefuchsten und flexiblen Schlagzeuger, dessen handwerkliche Eskapaden selbst für Berufskollegen nicht immer ganz nachzuvollziehen sind. Doch mit den Jahren hatte das Wort einen gewissen Bedeutungswandel erfahren, und gegenwärtig ist es im allgemeinen Sprachgebrauch die Bezeichnung für einen Zirkustrommler, der die Kunststücke in der Manege mit perkussiven Einwürfen illustriert.

Und genau diese Aufgabe hatte Dix nun hier zu erfüllen. Bei der ersten Produktion, an welcher ich teilnahm, galt es, eine Hochseilnummer von zwei dicken und lustig kostümierten Schlagersängern mit Schlagzeug zu untermalen. Dazu gab es auch noch ein zirzensisches Glanzstück mit echten Tieren, welches jedoch in Punkto Komik nicht mit den beiden Dicken mithalten konnte.

Zu diesem Behufe wurde mir ein komplettes Drumset in einem abgeschlossenen Raum direkt neben der Bühne aufgebaut. Davor befand sich ein großer Monitorbildschirm, auf welchem Dix das Geschehen draußen gut verfolgen konnte. Ferner bekam ich Kopfhörer für die Tonspuren, und gleich darauf begann schon die erste Durchlaufprobe. Auf einem Zettel fand ich den Ablauf der Sendung, und dort waren auch die Stellen gekennzeichnet, an denen ich die auftretenden Künstler trommlerisch zu unterstützen hatte. Das klappte auf Anhieb sehr gut, und da ich nicht viel zu tun hatte, beobachtete ich gutgelaunt das putzige Treiben auf und hinter der Bühne.

Erst nach Abschluss der Aufzeichnung fiel mir auf, dass ich während der gesamten Sendung der einzige Künstler war, dessen akustischen Äußerungen live übertragen worden waren. Alle anderen musikalischen Beiträge wurden aus hauptsächlich organisatorischen Gründen playback dargeboten. Mit live singenden Interpreten ließe sich ein derartig straff durchlaufendes Unterhaltungsprogramm wahrscheinlich kaum realisieren.

Ein überregional bekannter blonder Schlagersänger mit schwarzer Sonnenbrille reiste mit seiner kompletten Band an. Unter Protest stimmte er schließlich zu, ein Playback zu benutzen, doch dieses musste nun erst mal aufgenommen werden. So spielte die Band also nach schnell erfolgter Mikrofonierung ganze zwei Mal das Begleitarrangement des umfangreichen Potpourris durch, und schon die zweite Version wurde vom Tonmeister abgenickt! Eine wirklich professionelle Leistung, die zeigte, dass sich offenbar mittlerweile viele handwerklich versierte Musikerkollegen ihr täglich Brot mit „Volksmusik" verdienen müssen.

Weitere Anmerkungen zu meinen Erlebnissen in der Chemnitzer Stadthalle spare ich mir erst mal auf, denn ich befand mich hier als gern gesehener Gast für kurze Zeit in einer mir unbekannten Welt mit eigenen Gesetzen und Wertmaßstäben, über welche mir ein Urteil nicht zusteht. Die wenigen dort verbrachten Tage gäben möglicherweise genügend Stoff für ein ganzes Buch...

Gera

Anfang November 2006 wurde mir die Diagnose „Kehlkopfkrebs" gestellt. Für viele Menschen beinhaltet solch eine Information die klare Ankündigung eines baldigen qualvollen Dahinscheidens. Trotz des erst einmal überwältigenden Schocks erwachte in mir in jenen Tagen ein riesenhafter Lebenswille. Zahlreiche bisherige Wertvorstellungen brachen schlagartig zusammen, wurden ersetzt durch eine Leere, die Raum bot für Neues, noch nicht erfahrenes.

Wir fanden einen hervorragenden Chirurgen, der den Mut hatte, bei der Operation bisher ungewohnte Wege zu gehen. So konnte ein Teil meines Kehlkopfs nach Entfernung des Karzinoms erhalten werden, und das Loch im Fleisch wurde mit körpereigenem Gewebe aus meinem Unterarm ersetzt. Die Schilderung weiterer Einzelheiten und Komplikationen des sehr komplexen Behandlungsverlaufs erspare ich dem geneigten Leser im Zusammenhang dieser Geschichte. Meine Frau Kathrin, mein Bruder Olaf, die Familie und zahlreiche außergewöhnliche Menschen hielten auf beispielhafte Weise zu mir und unterstützten mit den ihnen gegebenen Möglichkeiten meine Heilung.

Nun hatte mir mein Operateur zwar versichert, dass ich schon nach vier Wochen wieder trommel- und auftrittsfähig sein würde, aber dies entpuppte sich bald als Wunschdenken auf hohem Niveau, und so währte die Zwangspause in meinem Terminkalender also vom 6.11.2006 bis zum 11.6.2007. An diesem Tag absolvierte ich – klapprig, aber überglücklich – das erste Konzert des mir neu geschenkten Lebens in der Leipziger Lutherkirche mit den Freunden des David Timm – Quartetts.

Ein paar Wochen später kam es zu einer denkwürdigen Begegnung in der Kunstsammlung Gera. Schon seit vielen Jahren hatte ich einen guten Draht zum Leiter des „Otto Dix Haus", Holger Saupe, und mit vielen verschiedenen Besetzungen von Quintett bis Solo konnte ich dadurch ziemlich regelmäßig das ostthüringische Kulturangebot bereichern. Nun suchte er Musiker für eine ganz besondere Ausstellungseröffnung. Die Landesgartenschau war soeben eröffnet, und gezeigt wurden deshalb vorwiegend Blumenbilder von Otto Dix. Bei der Vernissage sollte auch der Sohn des berühmten Malers, Jan Dix, anwesend sein, der sich u.a. als Jazztrompeter einen Namen gemacht hatte.

Das war eine einmalige Gelegenheit, mal eine Band mit drei Dixen auf die Bühne zu bringen! Ich rief also meinen Bruder Olaf an, der freute sich und sagte gerne zu.

Wolfram Dix / Jan Dix / Olaf Dix

Oft wurde ich gefragt, ob ich denn mit diesem weltweit bekannten Maler Dix verwandt sei. Eine Zeit lang hielt ich die Fragenden zum Narren, indem ich behauptete, Otto Dix sei mein Großneffe.

Dann beschäftigte ich mich mal ernsthaft mit dem Stammbaum unserer Familie und musste feststellen, dass unsere gemeinsamen Wurzeln zwar im gleichen kleinen Dorf bei Gera lagen, es jedoch darüber hinaus keine direkten Verwandtschaftsbeziehungen gibt.

So trafen wir uns also Johannis 2007 in der Geraer Orangerie. Olaf hatte aus Leipzig noch Matthias Philipp und Tilo Augsten mitgebracht, und mit mir als Perkussionisten und Jan Dix an der Trompete waren wir ein mehr oder weniger swingendes „Dix-Quintett". Das Musizieren machte echt Freude, und anschließend betrachteten wir gemeinsam die Ausstellung und feierten noch ein wenig die Dix-Dixsche Vereinigung.

Es war ein schöner sonniger Tag, und während die Freunde auf dem Freisitz des Museumsrestaurants große Mengen Kuchen und Eis verdrückten, hängte ich mir einen Beutel Flüssignahrung nebst Plastikschlauch an einen der Sonnenschirme und erledigte meine Mahlzeit mit Hilfe der Magensonde ganz direkt. Diese sinnreiche Erfindung der Medizintechnik begleitete mich noch bis August 2008, und so manches Mal empfand ich diese durchaus gewöhnungsbedürftige Art der Ernährung auch als großen Vorteil, den meist ging das ziemlich fix.

Lascia ch'io pianga

Und da gibt es noch eine Sache, die den sächsischen Trommler durch die Zeit begleitete: eine Arie von Händel. „Lascia ch'io pianga" heißt das Stück, bei welchem ich mich oft an meine Studienzeit an der Leipziger Musikhochschule erinnere. Dort war ich ein vorbildlicher Trommelstudent, mit anderen Fächern hatte ich jedoch gewisse Probleme. Für jeden angehenden Berufsmusiker empfiehlt es sich, einige Grundkenntnisse im Klavierspiel zu haben. Deshalb nahm Dix schon gegen Ende seiner Schulzeit Klavierunterricht in Machern, kam auf diesem Gebiet jedoch nicht sehr weit.

An der Musikhochschule gab es dann Klavier als Pflichtfach. Unterrichtet wurde größtenteils von recht hoch betagten Lehrbeauftragten. Mich interessierte damals vor allem das Rock- und Jazzidiom, doch meine Klavierlehrer waren auf diesem Gebiet leider völlig überfordert und überforderten nun ihrerseits den angehenden Jazzdrummer mit einem Gemisch aus Bartok-Kinderkompositionen, leichten Bach-Stücken, Hanon-Etüden und zaghaften Ausflügen in Barock und Romantik. Mit diesem Lehrstoff konnte ich mich während meiner gesamten Studienzeit leider überhaupt nicht anfreunden – meine musikalischen Vorlieben siedelten an anderem Ort, und Dix stellte sich stur. Oft gab es für mich die Alternative, zum Pflicht-fachunterricht zu gehen oder einen entspannenden Spaziergang im Stadtpark zu unternehmen, und meist entschied sich Dix für Letzteres. Geübt habe ich am Pianoforte meist mit Widerwillen, und dadurch machte ich mir die Sache noch viel schwerer. Doch irgendwann musste eine Prüfung abgelegt werden.

Meine damalige Freundin studierte Schlagergesang und war bereit, mich bei diesem schweren Gang zu unterstützen. Da die Liedbegleitung zum Prüfungsstoff gehörte, wählten wir gemeinsam eine Arie von Händel aus, deren Klavierbegleitung leicht genug gesetzt war, um selbst von mir noch irgendwie bewältigt zu werden. Unsere Interpretation von „Lascia ch'io pianga" stellte den abschließenden Höhepunkt meines Prüfungsprogramms dar, und nachdem ich mich und die Prüfer mehr schlecht als recht durch einige Bach- und Bartokstücke gequält hatte, kamen wir also zum Finale.

Es war ein warmer Juni, der Schweiß floss in Strömen, und in der düsteren Ecke eines lang nicht renovierten Hochschulzimmers gaben nun ein Rockdrummer und ein angehendes Schlagersternchen die bedeutungsschwangere Arie des Herrn Händel zum besten. Nicht nur uns, sondern auch der anwesenden Kommission war nach Abschluss dieses Vortrags eine sichtliche Erleichterung anzumerken, und wir konnten nun flink an die frische Luft und in das Licht des Sommertages zurückkehren, nachdem meine Gesamtleistung als Pflichtfachpianist mit dem Prädikat

„genügend" bewertet worden war. Mehr hatte ich mir auch gar nicht erhofft, und das Ereignis wurde am Abend im Freundeskreis gebührend gefeiert.

Ungefähr 30 Jahre später begegnete mir dieses Lied noch einmal unter ganz anderen Vorzeichen. Mit David Timm, Reiko Brockelt und Matthias Buchholz arbeitete ich in einem Quartett, dessen Grundkonzept das Verjazzen klassischer, barocker und romantischer Vorlagen war. Eine famose Band mit einer funktionierenden personellen Alchemie und seltenen, aber meist wohl dotierten Auftritten. Manchmal trafen wir uns auch mal zur Probe, und auf eine solche brachte David eines Tages eine 4/4-Adaption von „Lascia ch'io pianga" mit.

Ich empfand dies auf Grund des vorher geschilderten völlig kurios, war aber gleichzeitig ein wenig gerührt. Auch am 11.6.2007 beim Konzert in der Leipziger Lutherkirche, welches für mich der erste musikalische Auftritt nach überstandener langer Krankheit war, fand sich diese Bearbeitung in unserem Programm.

Vielleicht lag es ja gerade an meinen mangelnden pianistischen Fähigkeiten, dass ich viele Jahre instinktiv versucht hatte, immer mit den jeweils besten Pianisten der Umgebung zusammenzuarbeiten? Auf alle Fälle hatte mich diese Neigung schon zu vielen guten Bandprojekten und manch persönlicher Freundschaft gewiesen.

Nun hatte sich also irgendwie wieder ein Lebenskreis geschlossen, und immer, wenn wir in Folge im Quartett dieses Stück intonierten, war meine innere Leinwand voller Bilder mit mehrfacher Assoziationskraft.

Menschen mit grundlegenden Italienischkenntnissen werden sich darüber wahrscheinlich nicht wundern.

R. Brockelt / M. Buchholz / W. Dix / D. Timm

Nanjing

Diese Reise wurde lang und ausführlich vorgeplant. Bereits seit einigen Jahren entstand ein funktionierender Kulturaustausch mit Nanjing. Ein Improvisationsmusikensemble unter der Leitung von Simone Weißenfels hatte bereits 2005 ein Konzert in Leipzigs chinesischer Partnerstadt gegeben. Dix hätte mitspielen können, war aber verhindert.

2007 hatte dann unser LeipJAZZig-Orkester erfolgreich dort gastiert. Zu diesem Zeitpunkt war Dix jedoch durch die Nachwehen seiner Kehlkopfoperation noch zu geschwächt, um solch eine lange und auch anstrengende Reise bewältigen zu können.

Nun kam also die dritte Gelegenheit - mit der bewährten und gut eingespielten Band „tapshot!" in der Besetzung Sebastian Weber, Jörg Leistner und Thomas Moritz. Gern sagte ich zu, denn während einer solchen Reise konnte u.a. ich ausgiebig testen, ob mein Körper schon wieder in der Lage war, größere Belastungen auszuhalten.

Der Hinflug über Frankfurt währte ungefähr zehn Stunden. In dieser Zeit litt ich unter leicht erhöhter Temperatur und Gliederschmerzen, denn ich hatte mir gerade wieder das Mistelpräparat Helixor gespritzt, und solche körperlichen Reaktionen waren die normale Antwort auf die Wirkung des Medikaments. Ziemlich gerädert kamen wir an, wurden von Helmut Güsten in Empfang genommen und fuhren mit dem Taxi in die Stadtmitte. Auf dem Weg dorthin war Dix nun doch recht erstaunt über die Dimensionen der hiesigen urbanen Bebauung. Nicht nur in der City standen große Wohntürme, und viele Kräne zeugten davon, dass die Bauwut noch längst nicht ihr Ende erreicht hatte.

Unser Hotel hatte einige Sterne zu bieten und erschien mir als echte Luxusherberge, verglichen mit meinen diesbezüglichen Erfahrungen in Mitteleuropa. Das Preisniveau war hier niedriger, doch für die meisten Einheimischen war die Übernachtung in einem solchen Palast aus Glas, Stahl und Beton wohl unbezahlbar.

Unsere Konzerte waren in das „Nanjing Jazzfestival 2008" eingebettet. Im Vorfeld hatten wir uns strikt dagegen gewehrt, vom örtlichen Veranstalter alle Tage bis zu zwei Mal eingesetzt zu werden. Da unser Honorar zu vernachlässigen war, waren wir nicht im Zugzwang betr. der Anzahl unserer Auftritte und wollten die Zeit in der südlichen Hauptstadt mehrheitlich zu touristischen Erkundungen nutzen.

In der Zeit der „Kulturrevolution" wurden im Land viele religiöse und geistige Identifikationsobjekte zerstört, und gegenwärtig bemühen sich die Chinesen, durch Wiederaufbau bzw. Kopie markanter Bauwerke den Städten ein wenig von ihrem traditionellen Charakter wiederzugeben.

Th. Moritz / J. Leistner / W. Dix / S. Weber

Asiatische Siedlungen bieten dem Gast stets die Betrachtungsmöglichkeit von gleichzeitiger Gegensätzlichkeit auf engstem Raum. Auch Nanjing macht hierbei keine Ausnahme und zeigt z.B. im Bereich der Wohnkultur alle nur denkbaren Spielarten zwischen Pappschachtel und Luxus-Tower. Bei einem Spaziergang in der Umgebung unserer Herberge lichtete ich mit einer kleinen Digitalkamera eifrig die vielfältigen Spielarten des pulsierenden Großstadtlebens ab. Doch an einigen Plätzen scheute ich mich, auf den Auslöser zu drücken. Können Armut und Elend peinlich sein?

Susan, eine unserer Betreuerinnen, kümmerte sich einen großen Teil des Tages aufopfernd um unser Wohlbefinden. Die sympathische Studentin hieß eigentlich Yunsun, hatte sich aber der Mode folgend einen angelsächsischen Vornamen zugelegt. Nachdem wir am Sonntag unser wichtigstes Konzert im Konzertsaal der Universität gegeben hatten, hatten wir am folgenden Morgen frei und machten uns zu dritt mit einem Taxi auf den Weg zu den Hügeln am Stadtrand, an deren Hängen sich einige imposante Denkmale befanden, die von umfangreichen Parkanlagen umgeben waren.

Das Grabdenkmal für Sun Yatsen beeindruckt vor allem durch eine imposante Treppe, auf welcher die Besucher nach bewältigtem Aufstieg zu der etwas bunkerhaften Betonkuppel, unter welcher die sterblichen Überreste des verehrten Politikers verwahrt werden, mit einer beeindruckenden Aussicht auf die Stadt und das Umland belohnt werden. Leider ist diese Sicht meist durch immensen Smog behindert. Die schmutzige Luft über Nanjing erinnerte mich an die 1980er Jahre in und um Leipzig.

Auf unserem Fußweg hinüber zur Grablage der Ming-Dynastie begleitete uns eine unbekannte junge Dame, die uns unten am Parkplatz freimütig angesprochen hatte. Offenbar studierte sie irgendetwas im Gastronomiebereich, und unsere Anwesenheit wollte sie spontan dazu nutzen, ihre nicht sehr umfangreichen Englischkenntnisse zu erweitern.

So spazierten wir also zu viert durch den subtropischen Herbstwald und versuchten die Verständigung mit Stimmen, Händen und Füßen einigermaßen erträglich zu gestalten.

Leider war der Hauptteil dieser Anlage wegen Bauarbeiten geschlossen, und so schlenderten wir noch ein wenig durch den großzügig angelegten Park, ehe wir mit unserer neuen Bekanntschaft ein Taxi fanden und zum Hotel zurückfuhren.

Von der echten chinesischen Küche war Dix sehr beeindruckt. Auch für einen frisch gebackenen Vegetarier war es hier problemlos möglich, sich abwechslungsreich und schmackhaft zu ernähren, vom Preisniveau mal ganz abgesehen, denn für die Beköstigung von fünf Menschen bezahlte man hier nicht einmal so viel wie daheim für ein einzelnes Gericht. Doch auch dieses Preisgefälle wird sich mit den Jahren angleichen, und dann kann man ja immer noch staunenden Zuhörern von der Illusion eines Schlaraffenlandes erzählen.

Die Zutaten, insbesondere manche Gemüsesorten, waren dem Gast teilweise völlig unbekannt, und wenn Chilischoten im Essen auftauchten, war große Vorsicht geboten, denn die waren hier wirklich scharf!

Die Tage in China gingen sehr schnell vorüber, und gern hätten wir noch viel mehr von diesem faszinierenden Land gesehen und erlebt. Nach einem Abschlussauftritt im Nanjinger Club „Don Quichote" machten wir uns am nächsten Morgen auf den Rückflug, der noch ungefähr zwei Stunden länger währte als unser Hinflug. Wieder schwebten wir über den fast endlosen Weiten der inneren Mongolei und Sibiriens dahin, und wieder konnte Dix sehr bewusst das Unterhaltungsangebot des Bordfernsehens nutzen. Der nächsten Einladung nach China werde ich gerne Folge leisten.

Smart Metal Hornets

Im November 2008 fuhr ich wieder einmal zu meinem Freund Christoph Wundrak in die Steiermark. Wir beide hatten uns 1984 bei einem internationalen Jazzcamp im ungarischen Tatabanya kennen gelernt, und der Kontakt über diverse Länder- und Systemgrenzen war dann über all die Jahre niemals abgerissen.

2001 kam es im Rahmen der Musikerinitiative LeipJAZZig zum unseren ersten gemeinsamen Konzert in der Alten Nikolaischule zu Leipzig. Christoph brachte seine Kollegen Klemens Pliem und Joe Harpf mit, und nach einer ausgiebigen Probe merkten wir, dass die Trommelei des Herrn Dix ausgezeichnet mit dem Spielkonzept der „Smart Metal Hornets" zusammenpasst. Die Premiere war entsprechend erfolgreich, und seitdem verging fast kein Jahr, in welchem wir nicht als Miniaturbigband mindestens einmal gemeinsam auf Tour waren.

Solch eine kleine Tour stand also auch jetzt wieder an, und Dix fuhr wohlgemut mit seinem prall mit Instrumenten gefüllten Auto Richtung Süden. Von Leipzig nach St. Marein bei Graz sind es ungefähr 800 km, und da ich die Strecke mit den vielen Alpentunneln schon oft gefahren war, fürchtete ich keinerlei Komplikationen. Bis zur Mautstelle Gleimalm verlief die Fahrt auch problemlos. Doch hier lauerte das Verhängnis! Zum Bezahlen der Gebühr musste ich hier das Fenster in der Fahrertür herunterlassen, und ich bediente den kleinen Plastikschalter im Fond meines französischen Wagens ein wenig zu kräftig. Es machte „Plüpp!", und dann war der Schalter plötzlich kommentarlos im Armaturenbrett verschwunden – an seiner Stelle gähnte nun ein schwarzes Loch. Nun konnte ich das weit geöffnete Wagenfenster nicht mehr schließen, da es auch keinerlei Möglichkeit der manuellen Bedienung dafür gab .Ich atmete tief durch, brachte erst mal die Bezahlung zu Ende und fuhr dann zehn Meter vorwärts, wo es mir gelang, einen Halteplatz im emsig weiter fließenden Verkehr zu finden. Direkt in Fahrtrichtung gähnte mich die große schwarze Öffnung des nächsten Tunnels an. Schon eine geraume Weile fiel matschiger Schnee vom grauen Himmel, und ein höchst ungemütlicher Wind kroch nun nass und kalt durch das nicht mehr schließbare Fenster meines Autos.

Es gab nun zwei Möglichkeiten: zum ersten hätte ich hier einen Pannendienst rufen und nach dessen Ankunft einen Reparaturversuch starten können. Doch da mir die Sache mit genau diesem Schalter schon mal passiert war, konnte ich mich noch gut an ein ziemlich umständliches und umfangreiches Reparaturprozedere in meiner heimischen Vertragswerkstatt erinnern, bei welchem extra spezielle Ersatzteile bestellt und dann während einer lang dauernden Aktion eingebaut werden mussten. Also offenbar keine Bagatelle, die ein mobiler Pannendienst hier vor Ort schnell mal beheben konnte?

So entschied ich mich also angesichts des allmählich verschwindenden Tageslichts für Nummer Zwei - die draufgängerische Lösung!

Dix entstieg also dem Wagen, zog sich seinen Parka über den Pullover, setzte sich die pelzgefütterte Kapuze auf den Kopf und schnürte sie fest zu. Vorsorglich hatte ich auch vor der Abfahrt lange Unterhosen angezogen, und nun zog ich mir auch noch die Handschuhe an. So eingemummelt nahm ich wieder hinter dem Lenkrad Platz, startete durch und machte mich auf den restlichen Weg von ca. 100 km.

Der Rachen des Tunnels verschlang mich und mein Fahrzeug, und durch das offene Fenster drang kalte, mit Abgasen gesättigte Luft hinein. Die Kapuze schützte mich nun auch gegen den ohrenbetäubenden Lärm vieler Kraftfahrzeuge, der sich an den Wänden des Tunnels brach und dadurch noch verstärkt wurde. Eine wilde Reise durch die Innereien eines großen Berges, welche ich mit fast geschlossenen Wimpern dünnlippig überstand. Nachdem die Tunneldurchfahrt überstanden war, empfingen mich wieder Dunkelheit, Schneetreiben und starker Wind. Der Winter hatte diesen Teil der Alpen schon fest im Griff! Noch ein langer Tunnel führte mich in gleicher Weise um Graz herum, und nachdem ich auch die weitere Strecke mit zur Faust geballten Gesichtszügen überstanden hatte, erreichte ich in der Dunkelheit St. Marein. Diesmal war ich besonders froh, die Reise unbeschadet an Leib und

Seele überstanden zu haben! In diesem Gefühl lag auch eine gewisse Genugtuung, nach überstandener langer Krankheitsphase nun solche verrückten Sachen wieder erfolgreich bewältigen zu können.

Christoph begrüßte mich freudig, und ich erzählte meinem erstaunten Freund nun erst mal die gesamte Räuberpistole. Nach erholsamem Nachtschlaf begab sich Dix gleich acht Uhr vormittags in die Citroenwerkstatt des Ortes. Der Mechaniker dort begrüßte mich sehr freundlich, und auf meine bange Frage, wie lange ich denn mein Auto in dieser Werkstatt lassen müsse, antwortete er sichtlich erstaunt, dass ich mir das Gefährt nach ungefähr 15 Minuten wieder abholen könne. Dann machte er sich sogleich mittels einer Taschenlampe, eines Schraubenziehers und einer Tube Alleskleber ans Werk. Es wurde also improvisiert! Ganz erstaunlich, welch völlig gegensätzliche Herangehensweise an das gleiche Problem ich hier erlebte. Meine schon zuvor vorhandene Sympathie für dieses Land stieg expotentiell in lichte Gefilde. Der Schaden war pünktlich behoben, und auf die Frage nach dem Preis bekam der erstaunte Reisende aus Sachsen die Auskunft, dass man doch für solch eine Bagatelle kein Geld nehmen könne. Ich drückte dem freundlichen Helfer dann trotzdem einen kleinen Schein in die Hand und fuhr in ausgezeichneter Stimmung zu unserem Probenlokal, wo die Kollegen schon auf mich warteten und meine Schilderungen vergnügt aufnahmen.

Unsere kleine Tournee führte uns eine knappe Woche durch recht verschiedene Spielstätten. Am Morgen meines Rückreisetages schaltete ich im Hotelzimmer den Fernseher an, um mir nach alter Tourneegewohnheit das Alpenpanorama auf Bayern 3 anzuschauen und die dazu abgespielten Musikstücke zu genießen. Das funktionierte auch hier in Zeltweg wieder bestens, doch dann gab es noch eine unerwartete Steigerung: ich öffnete die Vorhänge meines Fensters, und prompt tat sich meinen Blicken ein Originalpanorama dieser hohen Gipfel auf! Da konnte das Fernsehbild nicht mithalten, und beeindruckt sowie ein wenig belustigt packte Dix mit ständigem Seitenblick auf diese wundervolle Naturkulisse seine Sachen zusammen, um sich auf eine ruhige Heimfahrt zu begeben.

K. Pliem / J. Harpf / Ch. Wundrak / W. Dix

Epilog

40 Jahre an den Trommeln – fast ohne Unterbrechung. Da könnte man sagen, dieses Büchlein sei im Verhältnis dazu recht dünn geraten. Doch sind diese Geschichten auf keinen Fall abschließende Memoiren, sondern eher eine lockere Sammlung von Momentaufnahmen aus einem Trommlerleben, welches noch längst nicht abgeschlossen ist!

Meine Heimatstadt Leipzig bekam kein eigenes Kapitel, weil sie ohnehin im ganzen Buch präsent ist - die sächsische Metropole ist für Dix stets ein vorzüglicher Ort mit großer Gravitationskraft.

Lange habe ich darüber nachgedacht, ob ich mich auf die zeitaufwendige Suche nach einem echten Verlag machen sollte, welcher sich um Vertrieb und vor allem sachgemäße Herstellung kümmert. Doch vorerst habe ich mich dafür entschieden, dieses Buch ganz allein mit Hilfe meines Computers herzustellen. Die mehr oder weniger geneigten Leser mögen mir bitte die vorhandenen handwerklichen Schwächen verzeihen – es ging mir in allererster Linie um den Inhalt.

Vorauseilend möchte ich mich auch bei den Menschen entschuldigen, welche nach Lektüre meiner Erinnerungen ihren Namen darin vermissen. Rückblicke sind immer nur kurze Blitzlichter im Dunkel eines tlw. längst versunkenen Geschehens – auch wenn Ihr nicht ausdrücklich erwähnt seid, wart und seid Ihr sehr wichtig für mich – herzlichen Dank!

Dank sagen möchte ich an dieser Stelle auch meiner Frau Kathrin, die mir immer wieder Mut machte und mich bei manchem Faulheitsanfall kräftig in den Hintern trat.

Weiteren Dank sage ich meiner ehemaligen Deutschlehrerin Monika Kügler, welche nach meiner kurzen Bitte sofort dazu bereit war Korrektur zu lesen. Und mein Dank selbstverständlich allen großartigen Menschen, die mir - besonders in den vergangenen vier Jahren - durch ihr Da-Sein Kraft und Zuversicht gaben!

Die Reise geht weiter, und Dix freut sich darauf!

Leipzig, im Sommer 2010

Piedade, Pico (Azoren) 2009

www.wolframdix.com

Inhalt

Prolog 7

Wolf 10

Emmes 16

Baby 20

Billy 23

Fips 26

Kättschr 29

Papstdorf 34

Charlie 38

Tony 42

Cäsar 46

Gustav 51

Berlin 55

Anca 59

Bremerhaven 63

Hannover 71

Maueröffnung 76

Weimar 79

Joachim und Roland 82

Solo	86
Posterstein	91
Wolfgang	95
New York	98
Joe	104
A night in Tunisia	112
Zollbrücke	115
Nina	121
Nigel	127
Dromml & Pläsch	130

Tricktrommler	134
Gera	137
Lascia ch'io pianga	141
Nanjing	145
Smart Metal Hornets	151
Epilog	156